先生的书房

沽上琅嬛

天津藏书楼和藏书家

王振良 著

山东画报出版社

图书在版编目（CIP）数据

沽上琅嬛：天津藏书楼和藏书家 / 王振良著. ––济南：山东画报出版社，2021.11

ISBN 978-7-5474-4095-7

Ⅰ.①沽… Ⅱ.①王… Ⅲ.①藏书楼–研究–天津 ②藏书家–研究–天津 Ⅳ.① G259.29②K825.42

中国版本图书馆CIP数据核字（2021）第236723号

GUSHANG LANGHUAN TIANJIN CANGSHULOU HE CANGSHUJIA

沽上琅嬛：天津藏书楼和藏书家

王振良 著

责任编辑 张 欢
装帧设计 王 芳
书名题签 魏暑临

出 版 人 李文波
主管单位 山东出版传媒股份有限公司
出版发行 山东画报出版社

社　　址　济南市市中区英雄山路189号B座　邮编 250002
电　　话　总编室（0531）82098472
　　　　　市场部（0531）82098479　82098476（传真）
网　　址　http://www.hbcbs.com.cn
电子信箱　hbcb@sdpress.com.cn
印　　刷　山东临沂新华印刷物流集团有限责任公司
规　　格　130毫米×184毫米　1/32
　　　　　10.25印张　160千字
版　　次　2021年11月第1版
印　　次　2021年11月第1次印刷
书　　号　ISBN 978-7-5474-4095-7
定　　价　72.00元

如有印装质量问题，请与出版社总编室联系更换。

序言：辟径启新　雅俗同赏

李国庆

2020年是不平凡的一年。经过各方不懈努力，全国范围内的新冠疫情基本得到控制。12月上旬，气温开始下降。于是，我和老伴商定加入东北和北京一些老人的队伍，当一次候鸟飞到海南度假。

到达海南后，每天看海听涛，气温有如春秋般的温暖，惬意舒服，心情慢慢地静了下来。每天除了到海边溜达，剩余时间就在室内看书稿，写文章。这些文案事均与天津藏书家有关。先是校对书稿。接到黄山书社寄来的《弢翁藏书年谱》（增订本）校样，需要核红校字。这部年谱，是将天津藏书家周叔弢先生藏书事迹材料，以系年体例进行组织而编写成的。这是继2000年黄山书社出版《弢翁藏书年谱》之后的再版书，拟于2021年出版。次即撰写文章。海南有位藏书家朋友，家藏一部完整的清代广东佛山邓姓印工锡活字印本"三通"。这个印本，目前所知传世只有两部，另外一部是天津藏书家严修先生的旧藏，后捐给天津图书馆。我在海南应中国印刷博物馆之约，还为《印刷文化》创刊号撰写了一篇题为"第一部锡活字印本〈文献通考〉再议"的文章。巧得很，刚刚看完书稿，写毕文章，就接到王振良先生的电话，说他刚刚完成《沽上琅嬛：天津藏书楼和藏书家》书稿撰写任务，想请我为书写序。

得知这个消息，我很高兴，答应尽快完成。我早就知道振良对天津藏书楼和藏书家素有研究，这部书稿内容即关于天津藏书楼和藏书家问题，而我对这些藏书楼和藏书家亦略知一二——或知其楼，或知其人，或知其所藏之书。这部书稿是振良研究成果之集大成者。为书写序，最大的好处就是可以先睹为快。

在约定的时间内，振良很快把书稿电子版发给我。迫不及待，我从头至尾疾阅一过，所收天津藏书楼和藏书家，总计涉及24家（家族），具体包括：吴重憙与石莲庵、潘氏父子与华鉴阁、李善人家族与藏经阁、徐世昌与书髓楼、卢靖与知止楼、李盛铎与木犀轩、翁氏家族藏书在天津、严修与蟫香馆、渠氏家族藏书在天津、胡宗楙与梦选楼、陈一甫与居敬轩、陶湘与涉园、蔡成勋与希郑轩、傅增湘与天津双鉴楼、梁启超与饮冰室、卢弼与慎园、任凤苞与天春园、金梁和瓜圃、袁克文与百宋书藏、周叔弢与自庄严堪、金钺与屏庐、周明泰与几礼居、张重威与默园、刘少山藏海源阁珍籍。

书稿给我留下了深刻印象。看罢，掩卷沉思，自言自语"这是一部好书"。具体而言，其好有五：

书稿所收的天津藏书家，几乎都是"国字头"的重量级藏书家。其藏书事迹，多见于《藏书纪事诗》《续补藏书纪事诗》《辛亥以来藏书纪事诗》《广东藏书纪事诗》等专著中。此其一。

书稿所收天津藏书家的藏书楼，都写明了藏书楼的准确地址，更有进一步者，有些还要介绍藏书楼的设计者是哪位设计师，以及这栋藏书楼的特色。此其二。

每篇独立成文，字数都在4500字上下。这是标准的文章字数。因经年办报和编书的历练，振良具有超强驾驭资料和文字的能力。这也是从读者角度考虑的，不需花费太多时间就能读完一篇。此其三。

每篇行文，严格遵循"知人论世"原则。先述祖辈父辈简历，旁征博引，考证翔实。让人知晓，其祖辈父辈为官为学为藏之情况。次讲藏书家个人的行实，以及藏书、刻书、捐书及著述等。再议其藏书之授受源流，包括藏书之来源、书目之著录、藏书之价值等。此其四。

视角独特，选题新颖，有所发现，富有创意，是一部别开生面的学术性与可读性兼容的专著。是书以其所收录藏书家的重要性以及洗练流畅的文笔，跻身同类专著之列而无愧色。此其五。

我观振良这部书稿，还有以下三个方面的特点：

第一，资料新。本书是第一部主要讲述天津租界区内藏书楼和藏书家的研究专著。作为本书的著者，振良是第一位大量实地探访天津藏书楼和藏书家的学者。振良以天津租界区内的藏书家为研究对象，实地走访了天津九国租界区域，对藏书家的旧居进行实地调查，对藏书家的后人进行采访，获得了许多第一手资料。而且具体指出每位藏书家的藏书楼地址和门牌，可做天津藏书文化旅游之指南。

此处仅举一例。在《吴重憙与石莲庵》篇中，描述石莲庵藏书楼的文字堪称妙笔："中国历史文化名城天津，以九国租界和近代建筑闻名中外。在现存数以千计的小洋楼中，烟台道56—58号似乎早已被人们遗忘。无论是绿树婆娑的夏日，还是真容显露的寒冬，匆匆的路人很少愿意多看它一眼。然而，打开《中国文物地图集·天津分册》我们就会发现，很多年前，这里就已被文物部门认定为'吴重憙旧宅'。原来它的昔日主人并非寻常之辈——1912年辛亥革命之后，清末曾任河南巡抚的吴重憙，一直寓居在这里，藏书、校书、刻书直至终老，这所旧宅也由此有了一个更具文化意义的身份——吴重憙的藏书楼石莲庵（閣）。"

本书新资料的获得，为研究天津租界区内的藏书楼和藏书家提供可靠依据。行文过程中，除了旁征博引相关藏书家资料，新材料的发现和利用则极大地提升了书稿质量。振良的研究具有自己的特色，所言所论，能发人所未发，时有独到见解。此书与收录我国历代著名藏书家的叶昌炽《藏书纪事诗》不同，与收录断代著名藏书家的伦明《辛亥以来藏书纪事诗》不同，与收录一个地区藏书家的徐信符《广东藏书纪事诗》亦不同。此书转录天津一地租界区域内藏书家与藏书楼，取材独特，实乃创体，别开生面，为藏书家研究开辟了新的方向，填补了藏书家研究领域中的空白。

第二，分量重。本书收录的天津藏书楼和藏书家均是重量级的，非重量级者，或因其传记文献资料不备，一般未予收录。例如，此前出版的同类撰述中，雷梦辰《近代天津私人藏书述略》收录天津藏书家52位，其中与振良此书相同者仅有卢靖（包括其弟卢弼）、任凤苞、李盛铎、严修、吴重憙（包括其父吴式芬）、张重威、陈一甫、金钺、周叔弢、胡宗楙、袁克文、徐世昌、梁启超、陶湘、傅增湘等15位，其余37位藏书家，不在振良此书的收录范围内。

第三，雅俗共赏。振良书稿中，各个篇目的撰写，按照事先设计的程式行文，举凡藏书家传略、藏书梗概、刻书、捐书及撰述等，除了博涉群集，采纳四部文献，还力求采用新挖掘的具有重要学术价值的资料，极大地提升了本书的学术价值。另一方面，振良书稿中披露的某些藏书佳话，则为本书增添了可读性成分。例如，《潘氏父子与华鉴阁》篇云："宋刻《资治通鉴》的入藏，更是堪称书林佳话。据雷梦水《书林琐记》载，此《资治通鉴》本是天禄琳琅所藏，被逊帝溥仪赐给某王爷，王爷遂托琉璃厂文德堂主人韩氏装为'金镶玉'。结果韩将影印百衲本《资治通鉴》染黄，充作真本送归，原本之目录30卷售给傅增湘，正文294卷卖出后下落不明。曾任两广总督的旗人萨尔图·英翰的儿子，少时与潘复一起念过书，后来家道中落，到北京投奔潘复，潘复遂给他在财政部谋了份差事。此人为报答潘复，把其父收藏的几箱古书、字画都送给了潘复。潘复整理时发现，其中竟有一套宋版《资治通鉴》，简直是喜出望外。1923年，潘复又以宋本《白孔六帖》自傅增湘处易得目录，从此宋本《资治通鉴》成为全璧。"

本书的价值与功用，主要有以下两个方面：

一是揭示近代天津文化底蕴。近代百年看天津，仅从近代天津藏书事迹即可窥视一二。近代以来，天津五方杂处，下野政客、满汉官吏、富商大贾、文化巨擘，各路高人云集沽上。而传世的藏书，亦随商业市场流到津门。这里的藏书家，几乎具备得天独厚的条件：雄厚财力、过人眼力和市场活力。在振良的书中，披露了大量善本古籍流入津门的实例，如山东聊城海源阁所藏数十种宋椠元版流到天津后，旋即被津门藏家瓜分。天津藏书家所藏善本古籍数量之富，质量之高，雄踞北方，堪为重镇。举凡宋元珍椠、明清佳刻、稿抄校本、内府刻本、历代活字印本，还有明代宫廷写本《永乐大典》、敦煌遗书等，琳琅满目，美不胜举。这些典籍在弘扬祖国传统文化、揭示近代天津文化底蕴方面发挥着重要作用。

二是表彰藏书家对天津文化建设做出的杰出贡献。周叔弢是一位爱国藏书家，1942年即立下遗书，待天下太平时，举献全部藏书。中华人民共和国成立后，周叔弢兑现自己的诺言，将自庄严堪所藏宋元版书、明清善本及活字本数万册悉数捐献北京图书馆（今国家图书馆）和天津图书馆。教育家严修非以藏书名世，但他却是不折不扣的藏书家。严修生前身后，尽瘁于图书馆事业，散尽其十万卷藏籍，堪为捐书泽世之楷模。任凤苞天春园藏志2500余种2万余册，1952年11月全部无偿捐给国家，绝大部分归入天津市人民图书馆（今天津图书馆），另有少量赠予中国科学院地理研究所。藏书家陈一甫的夫人李霭如遵丈夫遗言，将藏书捐赠给北京图书馆。陈一甫另有少部分藏书，捐赠给天津人民图书馆。珍贵的唐人写本《转轮圣王经卷》，后来也由陈一甫三子陈达有、徐国端夫妇捐献给国家。藏书家金钺以洋行的经营利润和银行的股份收入，支撑起其藏书、刻书的巨大投入。刊刻图书尤其是对天津乡邦文献的整理，可以说是金钺一生心血和贡献之所在。延古堂李氏捐给南开大学木斋图书馆的书籍和碑帖，总计4828种。陶湘1922年至1934年寓居天津，从事藏书、校书、刻书活动，在天津文化史上写下精彩的篇章。

振良这部书稿，披露的天津藏书家信息十分丰富，为深入研究天津藏书事业和文化建设，提供了路径和线索。书稿限于篇幅，有些材料明显略带而过，没有展开叙述，有些资料没有囊括进来，这就为日后留下了增补和再版的空间。在这里，试举几条：

第一，关于严修先生的藏书和编制《严修手稿》事。据我所知，在严修先生捐给天津图书馆的藏书中，尚有一部重量级的大书，这就是清代广东佛山邓姓印工利用自己发明创造的金属锡活字印制的《通典》《通志》《文献通考》"三通"。这部大书，海内仅存两套。因是书分量重，价值高，2020年天津图书馆成功申报第六批《国家珍贵古籍名录》，遂成为国家级珍贵古籍，亦是天津图书馆镇馆之宝。在严修先生后人捐献的藏书中，严修先生的手稿几乎都在其内，我曾有幸典守斯稿，为了便于学者研究，我们编印了《严修手稿》，设计了两个版式，分别交由天津古籍出版社和南开大学出版社先后影印出版。

第二，振良书稿中言及崇化学会的藏书和捐献天津图书馆的金钺刻古书雕版之事。据我所知，这批雕版早年被中国书店借走刷印，从馆里拉走时的情景，我看了一个满眼。只是当时不知道为何拉走、拉走后想干什么。不久，中国书店将新印古籍样本回赠天津图书馆，而雕版没有返还。嗣后，中国书店征集到著名学者周绍良先生所藏两千多件近代以来出土的唐代墓志拓片，这些拓片由国家图书馆和天津图书馆联手购藏，我作为天津图书馆代表参与斯事交易。而因斯事之关系，我与中国书店负责人混得很熟，试着提出索要天津图书馆雕版事。经过几次交流，出乎意料，中国书店竟然答应雕版可以返还天津图书馆。拉回的这批书版，经我们仔细清点检查，基本没有丢失，可谓完璧归赵。

第三，关于袁克文夫人刘梅珍影抄宋版书事。据我所知，天津图书馆藏袁克文两部书，一是《寒云诗集》稿本，是袁克文自定稿本，有整理出版价值；二是《李丞相诗集》，是刘梅珍依据家藏宋版书用墨笔影抄的。这位才女影抄宋版书的水平极高，与宋刊原本比对，影抄本几乎达到了乱真程度。这部影宋抄本《李丞相诗集》，2020年由天津图书馆成功申报《国家珍贵古籍名录》。此本与振良书稿中言及的《于湖居士文集》，都是刘梅珍影宋抄本的传世珍品，文物和艺术价值极高，若能合二者而影印出版，堪称双绝，亦将成为一段书林佳话。

我与振良交往多年，也是因书而结交的同好朋友。我俩共事也多与书有关：一起执编过四期由齐鲁书社出版的《藏书家》，一起主编过由天津古籍出版社出版的《天津文献集成》，现在则一起参编国家古籍保护中心主办的《古籍保护研究》。每次合作，振良的敬业精神和专业水平都令我惊讶和钦佩。

振良文化素养极高，为人谦和，知识渊博，年富力强，能够胜任常人无法想象的超负荷研究工作。其研究领域涉及新闻传播学、编辑学、文学、史学、古籍版本目录学、地方文献学及社会人类学等。在这些领域，振良的实践和研究都做出了成绩，可谓硕果累累。振良多年研讨学问，至今其策划主编并出版的近代以来天津地方文人撰写的文史类著作，数量当以百种计。其个人编撰的专业学术著述，也已有十多种。编著等身，不为虚言。振良为学术界提供了一宗量大质精的文化产品，其影响是全国性的，这点得到了业界前辈和同道中人的首肯。

振良历十数年之功，走访天津租界旧宅，造访原主人后代，获得了第一手藏书文献资料，进而撰成斯稿。此书即将付诸剞劂，为学界为社会提供高质量文化大餐。作为同好朋友，吾乐观其成，爱将振良撰写书稿之缘由，略书数语，弁之卷端，是为序。

辛丑年二月十七日于子牙河南岸之听蛙鸣室

目录

序言：辟径启新　雅俗同赏　李国庆　/ 1

吴重憙与石莲庵　/ 1

潘氏父子与华鉴阁　/ 14

李善人家族与藏经阁　/ 26

徐世昌与书髓楼　/ 40

卢靖与知止楼　/ 53

李盛铎与木犀轩　/ 66

翁氏家族藏书在天津　/ 78

严修与蟫香馆　/ 91

渠氏家族藏书在天津　/ 103

胡宗楙与梦选楼　/ 117

陈一甫与居敬轩　/ 129

陶湘与涉园　/ 142

蔡成勋与希郑轩　/ 154

傅增湘与天津双鉴楼　/ 166

梁启超与饮冰室　/ 178

卢弼与慎园　/ 191

任凤苞与天春园　/ 203

金梁和瓜圃　/ 216

袁克文与百宋书藏　/ 228

周叔弢与自庄严堪　/ 241

金钺与屏庐　/ 253

周明泰与几礼居　/ 265

张重威与默园　/ 277

刘少山藏海源阁珍籍　/ 289

后记：不圆满的答卷　/ 303

吴重憙与石莲庵

　　中国历史文化名城天津，以九国租界和近代建筑闻名中外。在现存数以千计的小洋楼中，烟台道56—58号似乎早已被人们遗忘。无论是绿树婆娑的夏日，还是真容显露的寒冬，匆匆的路人很少愿意多看它一眼。然而，打开《中国文物地图集·天津分册》我们就会发现，很多年前，这里就已被文物部门认定为"吴重憙旧宅"。原来它的昔日主人并非寻常之辈——1912年辛亥革命之后，清末曾任河南巡抚的吴重憙，一直寓居在这里，藏书、校书、刻书直至终老，这所旧宅也由此有了一个更具文化意义的身份——吴重憙的藏书楼石莲庵（闇）。

吴重憙（1838—1918），字仲怿、仲怡、仲饴，又字少文、敬美，号梦舸、蓼舸、石莲，室名石莲庵（閤）、石莲轩，因别署石莲老人。

吴重憙的祖籍，在今山东省滨州市无棣县城里村。无棣旧称海丰，"海丰吴"乃当地著名文化世家。始迁祖叫作吴士安，明永乐二年（1404）从直隶省迁安县移居山东省海丰县。有清一朝二百多年间，海丰吴氏科第不绝，其中仅进士就有九人，其他科名仕履可考者逾百，因而被乡民誉为"进士门第"。吴重憙六世祖吴绍诗，清雍正六年（1728）举制科，仕至江西巡抚、吏部侍郎。高祖吴坛，乾隆二十六年（1761）恩科进士，仕至都察院右副都御史、江苏巡抚。曾祖吴之勷，乾隆二十年（1755）恩科举人，仕至湖北安襄郧荆兵备道。

吴氏家族与天津的缘分，就是自吴之勷时代开启的。吴重憙的父亲吴式芬，嘉庆元年（1796）生于京师。吴重憙的祖父吴衍曾天不假寿，在吴式芬出生当年即告病故，吴式芬遂由祖父吴之勷抚养。吴式芬出生那年，恰好吴之勷补得直隶省昌黎县缺，故给孙子取小字"逢昌"。

嘉庆六年（1801），畿辅一带大水成灾，吴之勷调知清

吴重憙及其墨迹

苑县，旋即升任天津河防同知，吴式芬以此随祖父宦居天津，并开始入塾学习。嘉庆九年（1804），吴之勷擢授湖北黄州知府，九岁的吴式芬随侍祖父离开天津。其后，吴式芬道光二年（1822）中举人，道光十五年（1835）中进士，任翰林院编修，仕至内阁学士兼礼部侍郎衔加三级，诰授光禄大夫。现在的无棣县文管所办公地，就是当年的吴式芬故居，主体建筑至今保存完好。

　　吴重憙是吴式芬的次子。道光十八年（1838）二月初七日生于北京。廪生。同治元年（1862）壬戌恩科并补行辛酉正科举人，授工部郎中。以政简事治，光绪元年（1875）擢河南陈州知府。任内以振兴文化教育为先务，修缮圣庙并建崇经义塾。光绪十三年（1887）郑州一带黄河决口，亲临现场督修堤坝，设粥厂以活灾民。因为政绩显著，民声甚佳，吴重憙迁为开封知府。又以审结全省重案有功，升任江南江安粮道。光绪二十六年（1900），擢福建按察使，迁江宁布政使。光绪二十七年（1901），调任直隶布政使。光绪二十八年（1902），出任驻沪会办电政大臣。光绪二十九年（1903），在沪主持接办各省电报商局。光绪三十一年（1905），调任仓场侍郎。光绪三十二年（1906），任江西巡抚，其间平定了湘赣边界的萍浏醴起义，同年底擢邮传部右侍郎，次年转左侍郎。光绪三十四年（1908），出任河南巡抚，赏戴花翎。宣统二年（1910）奉诏到北京，先后任陆军部侍郎、都察院副都御史。宣统三年（1911）辛亥革命发生，次年皇帝逊位，吴重憙随即解职并迁寓津门。

　　吴重憙与袁世凯关系密切。吴重憙光绪初出任陈州知府时，适逢袁世凯乡居闲适，创办了"丽泽山房"和"勿欺山房"两个文社，二人约为"诗酒友"。其间吴重憙帮助袁世凯以荫生进学读书，遂成为袁世凯的受知师。袁世凯出掌北洋之后，调吴重憙任直隶布政使。袁世凯母丧期间，吴重憙还护理了四十天直隶总督兼北洋大臣。

吴重憙追随袁世凯，可谓是官运亨通，但也挨了不少的骂。胡思敬在《国闻备乘》中说："光绪末年，小人阶之以取富贵者捷径有二：一曰商部，载振主之；一曰北洋，袁世凯主之……吴重憙为世凯府试受知师，遂擢河南巡抚。"袁世凯的老对头梁鼎芬，谩骂得就更加直接，径直断言吴重憙"卑下昏聩"。台湾作家高阳在小说《瀛台落日》中对吴重憙的描写也极尽揶揄讽刺。光绪二十八年（1902），清廷委袁世凯兼任督办电政大臣，袁世凯感念"吴太守"早年的识拔，总是想着能够有所报答，便请吴重憙便衣相见，于是出现如下一幕：

"老师精力倒还健旺。"

"托福，托福！"吴重憙拱拱手说。

"老师在上海的熟人多不多？"

"这个……"吴重憙不知他的用意何在，老实答道，"只有广东同乡。"

"对了！在上海的广东人很多。那就行了！"袁世凯问，"不知道老师愿意不愿意到上海去？"

这当然是有差使相委，吴重憙精神一振。"愿意，愿意！"他说，"宫保如有相委之处，理当效劳！"

"老师言重了！我是在想，老师辛苦一辈子，也应该有个比较舒服的差缺，调剂调剂。眼前有个机会，不知老师肯不肯屈就？"

吴重憙大喜，急急答说："肯！肯！肯！"

这段对话极为生动，很有《官场现形记》的味道，把吴重憙描摹得颇为不堪。不过高阳毕竟是在写小说，肯定有艺术虚构和夸张成分在内。尤其是吴重憙的籍贯，都被高阳先生误为广东海丰，因此小说中吴重憙才说出"只有广东同乡"之语。

吴重憙在袁世凯的保荐之下，很快出任驻沪会办电政大臣。在沪任职期间，吴重憙还真干了件大事，就是与会办商约大臣、工部尚书吕海寰，商约大臣、工部左侍郎盛宣怀一起，邀约上海官绅和驻沪机构代表协商，于光绪三十年（1904）正式成立上海万国红十字会，这也成为中国红十字会事业之发端。

袁世凯一直未忘吴重憙的知遇之恩，就在出任中华民国大总统之后，他还多次派人请吴重憙出任官职，不过均被吴重憙委婉地拒绝。据史料记载，袁世凯的使者"复至始被延入"，就是说再次求见才被放进门。可是还没等来人启齿，已被先行封住嘴巴，吴重憙说："吾年逾七十，且夕且死，宁有心依恋利禄耶？"最后袁世凯只得以公府顾问名义，每月向吴重憙致馈八百元。从现存资料来看，两人固然关系密切，但吴重憙对袁世凯的复辟活动从未明确支持，可见头脑还是颇为清醒的。

吴重憙解职寓津时，住在英租界14号路（又称博罗斯道），居所即今烟台道56—58号，这所宅邸的建筑面积有两千多平方米，为二层砖木结构，局部三层带地下室。外檐为清水墙，两侧置前凸式塔楼。楼内设有专门的藏书室，也就是著名的石莲庵。吴重憙的父亲吴式芬、岳父陈介祺，都是著名的藏书家。吴重憙受父辈熏染，终生酷嗜图书，在吴式芬旧藏基础上，继续大量搜求、鉴赏、整理。吴重憙也喜欢在书册题识，缕述源流本末，一得之见颇多。

今烟台道56—58号吴重憙旧居

　　吴重憙与著名学者和藏书家章钰、缪荃孙等在津交游。他与章钰常以金石目录之学相互质证，所藏佳本秘籍章氏多曾寓目。章钰在《海丰吴抚部墓志铭》中谈到吴重憙云："自少至晚岁，未尝顷刻废书，于先古遗文，尤保护如头目。"吴重憙对图书、金石的鉴别极为精审，所藏从宋元珍籍到明清善本在所多有，其中包括众多名家旧藏，见于著录的善本就有42种（含抄本30种）。傅增湘跋吴重憙藏旧写本《春秋传注》云："以藏印及题识考之，此书旧为潜采堂藏本，后归周松霭，旋以赠吴槎客，由吴氏以后入于唐鹪庵家。唐居于嘉兴，光绪中遗书散出，时吴仲怿侍郎适奉朝旨驻沪，得其抄校秘册甚多。"石莲庵藏有元刊本《图绘宝鉴》，书上可见明代庐江王及清代藏书家黄丕烈、陈鳣、吴骞、唐翰题等人的藏书印，章钰借读之后题识云："钱塘丁氏有元刻本，为怡府故物，此本则为明庐江王所藏……较丁本尤为可珍。石莲阁秘籍充栋，亦当推为甲观。"石莲庵所藏以唐人写经《四分律》一卷最著。此卷本来是书法"清四家"之一王文治的旧藏，后来辗转归了吴重憙。他先后请何绍基、张之洞、严长明、王懿荣、石景芬等名家题跋。仅据以上数端，就可觇知石莲庵藏书质量不低。

吴重憙藏书之外，还大量辑刻刊印文化典籍，其著者如《石莲庵刻山左人词十八种》，光绪十七年刻本；《石莲庵汇刻九金人集》一百五十五卷，光绪年间刻本（光绪十二年至三十二年随刻随刊，光绪三十二年始汇印成丛书）；《豫医双璧》，宣统元年排印本。石莲庵所藏清初严启隆著《春秋传注》抄本，也经吴重憙刊刻传世。在津期间，吴重憙系统整理了吴氏明清两朝五百多年间的文章、诗词、奏议等，辑刻为《海丰吴氏诗存》四卷、《海丰吴氏文存》四卷、《海丰吴氏世德录》五卷、《海丰吴氏试艺》，被称为海丰吴氏家族的"小四库全书"。

吴重憙的个人著述，主要有《麻鞋草》一册；《石莲闇诗》六卷（附词一卷、乐府一卷），1916年刻本；《石莲杂著》十卷，稿本，藏北京大学图书馆。又有《晦明轩稿》《金石汇目》《吴氏族谱》等。吴重憙与友人义州李葆恂，合撰有《津步联吟集》。关于吴重憙的词作，李葆恂评其"激楚语必出之以和雅，衰飒语必出之以沉雄"，"迥非寒瘦词人所能跂及"，可见颇具特色。

1918年7月29日，吴重憙卒于天津寓所。关于吴氏卒年素有不同说法，此据《那桐日记》所载。那桐住在今南京路友谊宾馆址（现存新华路那桐旧居为附楼），与吴重憙家离得很近，而且两人来往密切，其日记所述当可征信。吴重憙去世后，棺椁运回海丰吴氏祖茔安葬。"文革"期间坟墓被掘，有限的随葬品四散民间。

吴重憙的藏书，移藏天津石莲庵之前已有散失。尤其是光绪十八年（1892）遭到火厄，损失颇为惨重。他在致缪荃孙的信中说："弟自壬辰一炬后，痛先藏之不能保守，除书籍及场屋须用外，均无意搜罗。"

　　吴氏晚年生活落魄，所藏逐渐散出。1923年，北京开明书局李象乾，收得石莲庵藏日照许印林撰《攀古小庐手稿》《攀古小庐杂著》等二十余种。但石莲庵藏书的最后出手，还是在十年以后。伦明《辛亥以来藏书纪事诗》咏海丰吴氏藏书云："清华家世海丰吴，此日真看竭泽渔。山涧口家翻半夕，弃余仍是杂精粗。"诗后伦明还解释说："海丰吴子苾观察式芬，及其子仲饴侍郎重憙，累代积书，刊有《捃古录金文》《九金人集》行世。住南城达智桥，去余寓不百步。侍郎殁于辛亥后，遗书渐散，至去岁（引者按，指1934年）九十月间，出尤亟，日见打鼓贩趋其门。最后，山涧口书贩李子珍以千二百金全有之，载数十车。"达智桥似是吴家在京居所，藏书当为后人移去。在伦明所言的最后"数十车"藏书中，包括有吴式芬校本《平津读碑记》、稿本《贞石待访录》等。后者十八巨册，伦明曾与书贾商购未成。吴重憙石莲庵藏书，其较精者为琉璃厂翰文斋韩滋源所获。燕京大学图书馆则购得《唐余纪传》《罔极录》等。著名藏书家傅增湘也收到少量。不过石莲庵藏书的主体，至今仍是不知所终。

　　石莲庵藏书多钤有吴重憙的印章。据郑伟章《文献家通考》所载，就有"重憙鉴赏""石莲閤所藏书""石莲閤""海丰吴重憙印""吴仲怿秘籍印""海丰吴氏藏书""石莲閤藏书印""曾为吴仲怿所得""仲怿""海丰吴氏""吴重憙藏印""石莲閤印""重憙""中峰""吴重憙""石莲""石莲经眼""海丰吴氏石莲庵"等近二十方。

　　石莲庵藏书还编有目录，于今知见者有三种：《海丰吴氏藏书目》《石莲閤藏书目录存》《石莲閤藏书目》。《海丰吴氏藏书目》，抄本一册，乃吴氏手编，光绪二十五年（1899）完成，著录稀见图书1500余种。这册书目不著录版本，也没有分类，仅依据时空转换别为六个部分——"汴寓存书目""己亥九月初八日由泊头带家书单""己亥九月上海购江南机器制造局书目录""秣陵存书目""京寓存书目""闽存书目"。《石莲閤藏书目录存》一册，为琉璃厂翰文斋购得吴氏所藏秘籍三十二种之后，为宣传售卖印行的题跋及印记。《石莲閤藏书目》，稿抄本十二册，多为吴氏自书，藏于陕西师范大学图书馆善本室。

　　吴重憙有四子，吴嶔、吴尌、吴崰、吴峰，均是读书之人，而且长、次、三子还任过不大不小的官职，可惜大都寿数不永，在吴重憙逝后两三年内相继离世，以致石莲庵的藏书也星散难觅，成为天津文化史上的一桩憾事。

2017年4月3日于四平轩

潘氏父子与华鉴阁

天津市马场道东头北侧为天津市第二十中学，校园内的行政办公楼是一幢西洋风格建筑，此即2006年拆除后又按原貌重建的潘复旧居，也是潘守廉和潘复父子的藏书楼华鉴阁。

潘复（1883—1936），山东济宁人。原名贞复，字馨航。清末举人，曾任山西巡抚陆钟琦的幕僚。1912年，潘复在南京临时政府财政部任职，不久入程德全幕任秘书。1913年任山东省实业司司长。1920年兼任山东省筹赈会会长。1916年任全国水利局副总裁、署理总裁。1919年至1921年，三次出任北洋政府财政次长。1925年张宗昌任山

潘复

东军务督办，委任潘为督署总参议。1926年，张作霖入京主政，9月潘任财政总长。1927年，任国务总理兼交通总长。1928年6月退居津门。

在北洋各派系人物中，潘复虽然资历不深能力一般，但他善于利用关系，长期身居要职，在政坛的风云变幻中游刃有余。

民国初，潘复任江苏都督程德全的秘书。某次程与山东都督周自齐会面，周问程可有人才推荐。潘复恰好生出回乡念头，遂被推荐到周自齐处，出任山东劝业道道尹，旋改实业司司长。1914年，周自齐任北洋政府财政总长，委潘复为参事。1919年11月，北洋政府总统徐世昌任命靳云鹏为国务总理，潘复出任财政次长。

靳云鹏也是山东济宁人，他与潘复渊源颇深。原来潘守廉在河南为官时生下潘复，但夫人没有奶水。恰巧靳云鹏之弟靳云鹤出生，靳母家境贫苦但奶水充足，就被潘守廉雇去给潘复当了乳母。

1920年靳云鹏再次组阁，潘复仍任财政次长，不久总长周自齐去职，潘复署理部务。1921年靳云鹏第三次组阁，潘复继续以财政次长名义署理部务。1921年12月靳云鹏辞职，与潘复一同寓居天津。

1927年6月，张作霖掌控北京政府，潘复出任国务总理。靳云鹏的母亲因为喂养过潘复，于是"一人奶出两位总理"的说法盛传一时。

1928年，在北伐军进攻下，掌控北京的张作霖决定撤到关内。作为国务总理的潘复表示让贤，国务院事务交给许宝蘅负责。6月3日，潘复乘列车随张作霖出京前往沈阳。4日，张作霖在皇姑屯被日军炸死，潘复万幸逃过了劫难。原来潘复上车后，自忖内阁成员多是奉系人物，自己虽是总理，也只能小心秉承张作霖、张学良父子意志行事，如到东北处境会更加险恶。因此他在列车停靠天津时，最终决定下车当了寓公。

潘复之父潘守廉就喜欢藏书、编书、刻书。潘复去世又早于潘守廉，故所藏图书多数时间由父子共同典守。潘守廉（1845—1939），字洁泉，号对凫居士。清光绪十五年（1889）进士。清末任河南长葛、南阳知县，邓州知州。民国后隐退，随潘复长期居津。潘守廉传世著述颇多，撰有《儒教八德录》《对凫缘影》《木铎千声》《论语铎声》《作新末议》《儒佛合一救劫》，纂有《南阳县志》《南阳县全境舆图》《济宁县志》《济宁直隶州续志》等。其诗也颇可诵，如咏微山湖曰："西到微山尽处湖，群峰泛泛水中浮。晚来化作云千叠，飞上青天异彩铺。"1935年，林修竹在天津购得明拓《曲阜圣迹图》，请画家王一亭重绘，1939年告成之时，请潘守廉赋诗题字，后来辑为《圣迹图联吟集》，使得新刻的圣迹图成为佳椠。潘守廉晚年佞佛，弟子郭介梅《省余存稿》有《赠潘洁泉师》云："晚年谁肯逐风忙，矍铄斯翁善俗肠。曩日已登廉吏传，此时复入圣贤乡。潘江陆海文华藻，铁画银钩字迹良。儒佛合编同救劫，大千世界太平洋。"九十多岁时，潘守廉还为《天风画报》

题过报头。

潘氏藏书以宋元旧本为主。晚清国子监祭酒、藏书家盛昱遗书散出时,潘复购得《策要》等多种。晚清宗室、藏书家完颜景贤遗书散出时,潘复购得《两汉策要》16册,书由宋代陶叔献编辑,收录两汉政论164篇,传为元代赵孟頫所抄。其书明嘉靖间属藏书家周良金,明末清初归"海内第一藏书家"毛晋,清乾隆间为张朝乐所得,清末又归完颜景贤。该书不但流传有序,而且有翁方纲、王杰、钱大昕、戴衢亨、袁枚、秦承业等名家题跋。潘复又与南通张謇讨论郡国利病,广搜历代舆地图籍一百数十种。1936年,杨敬夫从藻玉堂王子霖处购得海丰吴氏藏宋版《通鉴纪事本末》,价格为1000元。半年后王又用3000元收回,旋以6万元售给潘复。伦明《辛亥以来藏书纪事诗》中有一首《王叔鲁并附张岱杉、李赞侯、潘馨航、张咏霓》,专门题咏喜好藏书的几任北京政府财政总长:"王张潘李散如烟,官去无权保简编。何若四明投老客,秦灰鲁壁表先贤。"此诗后面的小注云:"辛亥以来,掌财部者如王叔鲁、张岱杉、李赞侯、潘馨航、张咏霓,皆好聚书。"潘馨航就是潘复,诗注还极力称道其"古本精椠尤多"。

潘氏父子藏书处初名宝沈盦，后以入藏"二宝"——明拓华山碑和宋刻《资治通鉴》，于是更名为"华鉴阁"。

明拓华山碑全称为《西岳华山庙碑》，最初为宁波范氏天一阁的旧藏，潘复以8000元代价购自端方家。此碑原石立于东汉延熹八年（165），明代嘉靖间毁于地震，传世拓片仅知有四种，而未裁割重裱的整幅仅此一种。天一阁之后，此拓又经钱星伯、钱大昕、阮元、端方等名家之手，珍稀程度可想而知。

宋刻《资治通鉴》的入藏，更是堪称书林佳话。据雷梦水《书林琐记》载，此《资治通鉴》本是天禄琳琅所藏，被逊帝溥仪赐给某王爷，王爷遂托琉璃厂文德堂主人韩氏装为"金镶玉"。结果韩将影印百衲本《资治通鉴》染黄，充作真本送归，原本之目录30卷售给傅增湘，正文294卷卖出后下落不明。曾任两广总督的旗人萨尔图·英翰的儿子，少时与潘复一起念过书，后来家道中落，到北京投奔潘复，潘复遂给他在财政部谋了份差事。此人为报答潘复，把其父收藏的几箱古书、字画都送给了潘复。潘复整理时发现，其中竟有一套宋版《资治通鉴》，简直是喜出望外。1923年，潘复又以宋本《白孔六帖》自傅增湘处易得目录，从此宋本《资治通鉴》成为全璧。

作为山东人，潘复极重同乡之情。他曾得到济宁许鸿磐遗著《方舆考证》稿本，因为担心再次散失，遂不惜重金委托刻书家陶湘，对许著精心校刻刊印行世。

保藏近百种海源阁藏书，是潘复在津最为著名的藏书活动。海源阁位于山东聊城，是晚清四大藏书楼之一。民国时期军阀混战，灾乱频仍，海源阁屡遭兵扰，第四代主人杨承训遂移家天津，1927年至1928年间，陆续将海源阁所藏珍本移至津门。1927年，海源阁26部宋本运至天津出售时，潘复不欲藏书散失外流，曾致电山东省省长林宪祖，希望阻止海源阁藏书继续出售，并建议由山东省筹款收购，但林宪祖并未采纳其言，此事乃不了了之。

因为旅居耗产，坐吃山空，杨承训打算投资工矿企业，但苦于难以筹足资金，就通过北平琉璃厂藻玉堂经理王子霖介绍，以海源阁所藏92种珍本作为抵押，从天津盐业银行借款8万元。1931年九一八事变爆发后，华北时势日危，再加上生意受挫，杨承训决定卖书还债。消息传出之后，京津书贾闻风而至，其中一批普通古籍，被琉璃厂五家书商购下，几经辗转售给南京陈群，最后入藏泽存书库。其他零散珍本，则散入刘少山、李盛铎、周叔弢、傅增湘等京津藏家之手。抵押给盐业银行的大宗珍本92种，则又经王子霖的介绍，由潘复出面会同常耀奎（字朗斋）、张廷谔（字直卿）、王万年（字绍贤）等人组织存海学社，集资8万元将书购下，继续保存在天津盐业银行。这个学社之所以名为"存海"，就是保存海源阁藏书的意思。王子霖在这次交易中上下其手，捞到不少好处。原来1930年土匪王冠军占据聊城，他知道海源阁藏书价值连城，就从天津雇了位懂行的书商，拣选大批明代善本运往其家乡保定。不久王冠军故去，夫人将书陆续售出，王子霖得到多种，其中有明版《苏老泉嘉祐集》。存海学社购藏海源阁藏书时，王子霖趁清点之机，将自藏《苏老泉嘉祐集》混入，换走了宋版《陶诗》。王子霖之所以能够得手，是因为杨承训将藏书打包抵押给盐业银行时，只清点记录了总的卷数和册数，而没有开列详目。王子霖作为中介深谙其详，故此择机以明版《苏老泉嘉祐集》14卷替换出《陶诗》14卷。这本《陶诗》，后来被王子霖以3500元价格卖给了周叔弢，1952年周将此书连同其他善本捐献给了北京图书馆。

　　1944年，存海学社又加入了新股东，改组为存海学社新记。1945年11月，抗战胜利后不久，北平图书馆复馆开放，打算购入存海学社新记所存海源阁藏书。当时的教育部部长朱家骅，特别划拨1500万元专款备用。正好南京国民政府行政院院长宋子文视察平津，手谕有关方面云："海源阁藏书可作价国币1500万元（20亿元法币），由北平图书馆购买，以存古籍。其原购存该批书籍士绅热心可嘉，应于北平图书馆内，另辟存海学社，以资纪念。"经过清点核验，这批书共92种1207册。1946年2月5日，藏书自天津运至北京，正式入藏北平图书馆。北平图书馆专门辟出一室，并将存海学社匾额高高挂起。

在这92种珍本中，宋刻本有33种，元刻本有17种，明刻本和抄本有5种，古抄秘校本12种，清刻本和清抄本25种。其中宋刻本《仪礼》17卷、《礼记》20卷、《史记》存93卷、《汉书》120卷、《后汉书》120卷、《三国志》65卷、《大戴礼记》13卷、《春秋经传集解》30卷、《资治通鉴考异》30卷、《通鉴纪事本末》42卷、《新编方舆胜览》70卷等，都是海源阁藏书中的精品。

潘复藏书印有"济宁潘复""馨航""华鉴阁"等。潘氏父子卒后，所藏多不知所终，唯《资治通鉴》流入厂肆，

今马场道2号原貌重建的潘复旧居

在北大唐兰教授干预下售归故宫博物院，1959年移交北京图书馆。

潘复旧宅拆建之前的门牌是马场道2号。原是一座典型的西欧风格花园住宅，占地十余亩。该楼1919年由潘复委托开滦煤矿董事庄乐峰，邀请法国建筑师设计并承包建造，造价是15万元大洋。主楼分东楼和西楼，由过渡性门厅自然连接，三层砖木结构，瓦垄铁顶，水泥抹面。门窗和地板一律用菲律宾木料，楼内设有五边形阳台。东楼一层为招待达官显贵的客厅，西楼一层为接待亲朋好友的客厅。整座住宅建筑面积3827.99平方米。宽阔的院子用铁栅栏围墙，种植各种花木与草坪绿地，院子中间有甬道直通主楼正门。这里1949年后为天津市农林局办公地，20世纪90年代初迁出。

除了居住和藏书功能，潘复家还是著名的社交俱乐部。当年来潘公馆的军阀政客和巨商富贾，除了赌博、听戏之类，还能品尝到美食。据潘复之子潘耀星回忆，潘家一共有四个厨房，可分别烹制鲁菜、豫菜、淮扬菜和西餐。家里的宴会厅悬挂着一副对联："座上客常满，樽中酒不空。"宴会厅中央是一张大长桌，虽然可坐五六十人，但也经常客满。某次康有为前来造访，潘复请他吃淮扬菜和西餐。康一时高兴，挥毫泼墨，另赠潘复一副对联："海纳黄河浊，天包大地圆。"

潘公馆的私房菜，以"潘鱼"最负时誉。旅居台湾的美食家刘枋曾在天津久住，其《吃的艺术续集》中有《天津菜》一文，其中说："潘鱼：也就是醋椒鱼汤，据说是民国初年国务总理潘复家传出的做法，也只在天津餐馆的菜单上有过此名。是用整条的活鲤鱼炖汤，汤上撒葱、蒜苗、香菜等碎末，以及大量的醋和胡椒粉。这菜的特点是酸辣味浓，但不掩其鲜。"除此之外，潘公馆的状元红酒和醉蟹也颇有名，都产自潘复老家山东济宁玉堂酱园。1913年潘复任山东实业司司长时，在济南举办山东省第一次物品展览会，玉堂酱园获得三十多项金奖。酱园始创于康熙年间，为苏州人戴阿大所设，既有江南风味，又有济宁特点。这里酿制的状元红酒，香味浓郁，口感润滑，最为潘复所喜，乃府中常备之待客佳品。醉蟹也是江南食品，很早就被引入山东。玉堂酱园所做选用微山湖活蟹，用米酒、陈醋、茴香等配成蟹饲料，活蟹吃饱后醉晕，放入坛中十天，启封后蟹眼圆睁，鲜光油亮。当时济宁有句民谚云："不看曲阜空有眼，不尝醉蟹空有肚。"

1936年9月12日，潘复在北京病逝。三年后，其父潘守廉以95岁高龄谢世。潘氏父子藏书其后逐渐散佚，大都下落不明。唯传为赵孟頫抄本的《两汉策要》，前些年突然现身于中国嘉德2011春季拍卖会，最终以4830万元成交，创下当时古籍善本拍卖的最高纪录。

2019年5月7日于半湖斋

李善人家族与藏经阁

　　天津市河西区徽州道29号，人民公园的东南隅，有一个约二百平方米的小院，径荒阶绿，铁门长扃。在小院的正中，有一座飞檐翘角的传统建筑——藏经阁。这里就是天津著名的延古堂李氏藏书楼。在近代的天津，虽然并不缺乏具有全国影响的藏书大家和名家，但他们大多是寓居津门而籍贯别属，如江安傅氏（增湘）、德化李氏（盛铎）、沔阳卢氏（弼）、长洲章氏（钰）、金华胡氏（宗楙）、至德周氏（叔弢）、武进陶氏（湘）等。当时，真正着籍天津的藏书家屈指可数，因此延古堂李氏在天津藏书史上也就有了特殊意义。

今徽州道29号人民公园原貌重建的藏经阁

延古堂李氏是"天津八大家"之一。据清宣统元年（1909）纂成的《延古堂李氏族谱》（1935年铅印出版）记载，李氏原籍江苏昆山（今江苏省昆山市）礼贤村，始迁祖名叫李大纶。他康熙年间来到天津访友，遂在城里置产落户，家族逐渐繁衍兴盛。李氏一族乐善好施，事迹在天津邑志中多有记载，但使李家获得"善人"之称的，则是李大纶的六世孙李春城。

李春城（1826—1872），字筑香，清咸丰元年（1851）举孝廉方正。他早年居官十余载，然后归里专营盐业，乃成津门巨富。李春城热心公益，参与创设寄生所、御寒社、义塾等慈善机构，又对庙宇大事布施，每年冬季均施衣舍粥，接济贫寒之家和来津难民，由此赢得了"李善人"之称号。李家在津的最早居所，在老城北门里户部街，李春城一支则住东门里冰窖胡同，清末创编的《天津地理买卖杂字》中因而有"高台阶，华家门，冰窖胡同李善人"的说法。

李氏家族的堂号称作延古堂，迁津以来书香继世，代有雅士。李大纶之父李京琦，著有《延古斋诗存》，被梅成栋录入《津门诗钞》。李氏的延古堂堂号，就是从延古斋衍化而来。李大纶寓居津门时，其家已有延古堂藏书楼。其后，李氏藏书累世均有增益，最终建起藏经阁以贮之。藏（zàng）经阁，本是寺观贮藏宗教典籍之所，李氏则略仿其意，将藏（zàng）经阁变成藏（cáng）经阁，成为家族的藏书楼。

藏经阁所在的人民公园本名荣园。据民国年间宋蕴璞纂辑的《天津志略》载，荣园始建于清同治二年（1863），是李氏的私家园林，民间俗称李善人花园，文人墨客则习惯叫它李园。据《藏经阁修缮记》载，此阁建成于光绪十二年（1886），占地面积150.51平方米，建筑面积191.65平方米，全高14.2米。阁分3层，中层为藏书之地，四周环以外廊，可以尽览园中风光。《荣庆日记》丙辰年（1916）三月十一日记"李园之游"曰："桃花烂漫，柳色青葱，始在西边园亭，继在东边书楼久赏。"这里说的书楼，就是藏经阁。荣庆还赋诗记游云："满目桃花客倚楼，青松如幕柳丝柔。今年春晚春常在，次第寻芳直到秋。"

李春城有四个儿子：李士铭、李士鉁、李士钰、李士锜。其中李士铭、李士鉁以科举出仕，长期在外游宦，家族产业主要由李士钰打理。清末民初之时，李氏家族适时

李士铭（李学泓提供）

李士鉁（李学泓提供）　　　　李士钰（李学泓提供）

投资于保险、银行、矿山、机器、纺织等业，加上李士钰、李赞臣（李士锜之子）叔侄长期担任长芦盐纲公所纲总，李氏家族的资财文运盛极一时。

光绪三十四年（1908），李士钰与孙多森创立北洋水火保险股份公司并任总理，李氏家族开始涉足近代企业。宣统二年（1910），李士钰与马振宪筹股创立津浦殖业银行，由时任翰林院侍讲学士的李士銝出面，禀报度支部和农工商部注册。其后，李氏家族又投资于斋堂煤矿、华新纺织公司等处。1912年中华民国建立，李氏家族的实业和财势也达到鼎盛。

李家的宅院，坐落在天津东门里，大门外悬有"太史第"匾额，门洞里又有"孝廉方正"匾额。共有八个大四合院，每院均为北正房五大间，南倒座五大间，东西厢房各三间，雕梁画栋，装饰富丽。另有门房、账房、轿房、马号等，还有后花园一所。李善人家的大门口，平时有两名绅商保卫局的士兵荷枪守卫，门禁极严。

李家不但经营盐务创办实业，还在天津广置房地产。据不完全统计，李家盛时在河北大经路、天纬路、地纬路有房470多间；在河东华安大街、地藏庵及南开区草厂庵、丁公祠小马路有房100多间；在老城厢北马路、东马路及英租界香港路（今睦南道）、达文波路（今建设路）、董事道（今曲阜道）有房400多间；在南楼五村有房200多间。总计李家在津房产在1200间以上。

不过，李氏家族的这种风光只维持了大约十年，就迅速地走向下坡。1916年袁世凯死后军阀混战，奉系军阀垂涎李氏资财，多次敲诈勒索未遂。1924年，李氏家族为了躲避祸端，举家迁往英法租界散居。而李家的经济窘境，并未因为迁居而有所好转——盐利日见枯竭，实业无可施展，家业只能勉强维持。

1926年，李春城之孙"宝"字辈兄弟十人，经过商议，正式析产分家。至1928年，又发生了"五纲总事件"，此时李氏家族的代表人物——长芦盐纲公所纲总李赞臣等五人，被天津市公安局突然逮捕，虽经多方营救，李赞臣最终被释，但仍使李氏家族元气大伤。1937年天津沦陷后，长芦盐务停办，殖业银行被封，斋堂煤矿不仅折本，还欠下许多外债，此时李氏家族只能靠卖地售房应对。1945年抗战胜利后，通货膨胀，物资匮乏，李氏家族的辉煌也归于风流云散。

李氏家族的文运之昌和藏书之盛，是由李士铭和李士钰兄弟缔造的。

李士铭（1849—1925），字子香，一字伯新，李春城长子。光绪二年（1876）中举人，援例为户部候补郎中，云南司行走。清宣统改元，他在天津筹备立宪，创设宪政协议会并出任会长，又为顺直咨议局议员。李士铭精于医学，集藏医书一千余种，编有《历代名医列传》，又著《国朝名儒学案》等。1925年11月16日辞世。国家图书馆藏有《李士铭墓志》，柯劭忞撰文，华世奎正书，夏寿田篆盖。

李士钰（1851—1926），字嗣香，一字仲儒，别署沽上逸民，李春城次子。他与兄长李士铭同为光绪二年（1876）举人，光绪三年（1877）连捷中进士，为翰林院庶吉士，授职编修，又转翰林院侍读学士，历充文渊阁校理、武英殿提调、国史馆纂修等。曾任湖南乡试正考官。

民国建立之后，李士钰绝意仕进，专心研究《周易》和佛经，相关著作传世颇多，主要有《周易注》二卷、《关帝事实考信录》四卷、《三昧录》八卷、《慈航普度内编》四卷、《慈航普度外编》四卷、《金刚经解义》一卷、《楞严经解义》十卷、《维摩诘经解义》四卷。另有《字训》

四卷、《张公建祠志》一册、《御览集》四卷、《课艺集》四卷。

李士铭、李士鉁兄弟性耽读书。他们凭借雄厚的家资，大力搜求古籍善本，最终奠定了延古堂在天津藏书史上的特殊地位。他们购书不惜高价，因此书贾趋之若鹜。著名学者伦明在《辛亥以来藏书纪事诗》中说："滨海居盐李士珍（引者按，当为鉁），搜书吴越运京津。双江二马传文苑，岂若闾阎颂善人。""双江"是指寓居淮扬的徽州盐商江春、江昉兄弟，二人均有诗集行世；"二马"是指寓居扬州的徽州盐商马曰琯、马曰璐兄弟，二人的小玲珑山馆以藏书之富、刻书之精著称于世。伦明将李士铭、李士鉁与文坛驰名的双江、二马并提，足见李氏延古堂藏书之巨大影响。

伦明在诗后小注中说："天津盐商李世珍（引者按，当为李士鉁），人皆称以善人，未稔其实也。喜积书，京津书客争趋之。尝收得上海徐氏积学斋、四明卢氏抱经楼书之一部。士珍殁，其子以所有归北平图书馆，得值六万金。中多明钞、明刻本及其他精刻本，宋本项安世《周易玩辞》最佳。"除了卢址抱经楼、徐乃昌积学楼的藏书，李士铭、李士鉁兄弟还购得部分聊城杨氏海源阁散佚之书，加上"京津书客争趋之"，终至卷轴充栋，琳琅满架。

天津学者高凌雯在《志余随笔》中记李氏藏书云："其所著录有宋元版百余种，明抄本二百余种，收藏之富，为北省之冠。"高凌雯所说的著录，指的应该是《延古堂李氏藏书目》，此目著录古籍四千余部，其中以明清刻本为主，也有少量明抄本。

延古堂李氏之书多贮存在荣园之藏经阁。1926年，随着李士铭、李士鉁相继故去以及阖族析产，这些藏书也分存各处并逐渐散出。1930年，由李士鉁之子李宝训（字典臣）经手，延古堂部分藏书被以六万元的价格售给北平图书馆。也是在1930年，李宝训又向南开大学木斋图书馆捐赠书籍、碑帖350箱，由范九峰编写了《天津延古堂李氏旧藏书目》（油印本二册），收书近五千种，计六万余册。

著名天津学者阎道生，在1927年8月2日的日记中，记录了延古堂藏书大规模散出前的最后遗影："同郭铸三、石毓芝访李子扬于李氏荣园……园广有三四顷，树木参天。内有苇塘，广五十亩，曰西湖，源出海河。有湖心亭、天妃庙、藏经阁藏书楼（闻李氏近亦不言及书），内储图书甚

李典臣（李学泓提供）

富。刘渭臣云：商馆欲以二十万元购之。园主人赠《集良方》一本。"

今存国家图书馆的延古堂藏书，以王重民《中国善本书提要》记载最为集中，正集62种、补编29种，总计91种。其中最善者，就是伦明所言宋刻本《周易玩辞》。王重民先生评云："是书今惟有通志堂刻本，通志堂本翻元大德本。余持校通志堂本数页，见其差误甚多，益知此本之善。"此外，王重民著录的延古堂藏书佳本还有：明万历刻本《毛诗古音考》、明万历刻本《晏子春秋》、明万历刻本《秘册汇函》、明嘉靖刻本《楚史梼杌》等。延古堂藏书中，还有清代著名藏书家吴翌凤抄本方志数种，包括宋凌万顷、边实撰《玉峰志》三卷、《续志》一卷，元杨譓撰《昆山郡志》六卷，明王宾撰《虎丘山志》一卷等。吴氏之抄本有董其昌书风，量大质精，被藏家珍若拱璧。

延古堂藏书，还有少量存于台湾，散见在《"国家图书馆"善本书志初稿》等目录之中，包括宋刻本《西山先生真文忠公读书记》、明初刻本《说苑》、明成化覆宋本《朱子语类》等。当代著名藏书家韦力，也在各地拍卖会和天津旧书店看到过延古堂旧藏。延古堂的藏书印鉴，最常见的是"延古堂李氏珍藏"，其他还有"延古斋""身行万里半天下"等。

延古堂捐给南开大学木斋图书馆的书籍和碑帖，在1937年7月29日侵华日军轰炸南开大学时化为灰烬。据《天津延古堂李氏旧藏书目》著录，这批藏书包括经部546种、史部964种、子部847种、集部1882种、丛部487种，另附未编残本14种、碑帖88种，总计4828种。这批藏书刊印时代自明代至民国，除了少量明刻本，以清刻本为大宗，另有活字本、石印本、铅印本和抄本等。

关于延古堂藏书的目录，除前面述及的《延古堂李氏

今建设路97号李典臣旧居及藏书处

藏书目》《天津延古堂李氏旧藏书目》，天津图书馆还藏有
《延古堂藏书目》，凡一册九叶，蓝格纸抄写，半叶十二
行，四部混杂编排，著录书籍216种，其中宋本32种、元
本36种、明本92种。这个目录十分简单，只包括书名、版
本、册数和价格，因此有学者推测其为购书目录或售书目
录。另据《延古堂李氏族谱》记载，李士鉁编有《延古堂
藏书提要稿》，谓藏于家塾待刊，估计今已无存。

贮存李氏延古堂藏书的藏经阁，1949年以后进行过四次修缮（1950年、1982年、1997年、2009年），基本保持了建筑原有风貌。但令人遗憾的是，这座天津现存的唯一传统藏书楼，近年来一直处于闲置状态。就连逛公园的游人，也都很少注意到这里。

藏经阁的荒草庭院，隐藏着一代豪门的藏书故事。驻足其间，让人恍生隔世之感。

2017年6月26日于四平轩

徐世昌与书髓楼

民国时期天津藏书家中，官位最高者当属徐世昌。他出身清代翰林，后来成为民国总统，以"文治"著称于世。

徐世昌（1855—1939），字卜五，号菊人，又号东海、弢斋等，天津人。徐氏传为明初中山王徐达之后，远祖明中期由浙迁津，到徐世昌已是第十三代。他清咸丰五年（1855）九月十三日生于天津东门里二道街（一作河南卫辉府城曹营街）。光绪十二年（1886）中进士，授翰林院编修，兼充国史馆协修、武英殿协修等。徐世昌光绪四年（1878）即与袁世凯拜盟，渐成为其主要策士。随着袁的发迹，徐

徐世昌

亦官至军机大臣、东三省总督、邮传部尚书等。1912年中华民国成立，退居河南辉县水竹村，未久即出任国务卿。1918年10月，被选为大总统，倡导和平施政方略。这种文治思想虽顺应民意，但在武夫掌权背景下，亦难有大的作为。1922年6月，徐世昌辞总统职务，由心腹王怀庆护送归隐天津。

徐世昌在北京时，赁居过八角琉璃井路北、北门内四牌楼东胡同、宣武门内兵部洼等处。宣统元年（1909）以"积老患病"开缺，旋回京任邮传部尚书，住进铁营胡同，因南北通东四牌楼五条和六条，故徐世昌《韬养斋日记》

称之为"东四牌楼五条胡同新居"。铁营胡同3号和10号，皆为唐绍仪所赠，徐氏迁居3号后改称弢斋，其书髓楼、退耕堂、归云楼、海西草堂及冲和斋等书楼或书房，都在这两处宅院里。

徐世昌回到天津，暂住十弟徐世章意租界宅。此前一年，他以徐弢斋名义在英租界咪哆士道（今泰安道）购下汉森洋行9亩宅地。这里原有楼房一所，又增建书髓楼以藏图籍。1922年9月10日，徐世昌迁入新居。院内除了花园，有隙地开畦种菜，遂成名副其实的退耕堂。徐氏常身着短衣、手执农具立于田间。此景被拍成照片刊诸报端，题名《退耕图》。1927年，徐世昌又以"宝墨堂徐"名义，购得英租界牛津道（今新华路）15亩地，建起独立住宅九所，安顿远近族亲。最大一处占地逾6亩，有局部三层西式楼房一幢，亦称作弢斋，由徐氏长孙徐延东居住，现门牌为新华路255号。

藏书、读书、编书、刻书，还有吟诗、作画、写字、会友，这是徐世昌的日课，他为此写下"半日读书半日静坐之斋"匾额以自况。徐氏的《藏书诗》，可大体反映其在津生活："藏书十万帙，所读能几何？黄农上古世，存

今新华路255号徐世昌浮厝处

古已无多。唐虞开治化，经籍始访罗。……我堂名退耕，我楼名书髓。校书蓬莱归，插架分图史。宋刊与元椠，古墨殊可喜。……校雠聚群彦，陈列勤十指。可以教孙曾，可以惠乡里。耄年不废学，僻居独乐此。"

　　徐世昌科举起家，毕竟是知书之人，故仕宦余暇藏读未废。关于书髓楼藏盉总量，文献记载颇为悬殊，有八万卷、十万卷及数十万卷之别。即以八万卷而论，数字也不算小。书髓楼宋元古本无多，不为当时藏家所重。其实徐氏长期官居高位，宦囊尚称丰裕，聚书亦自方便，藏书质量并不低。据邓之诚《五石斋文史札记》载，他1951年浏览《书髓楼藏书目》，踪迹徐氏所藏清初人诗集，认为"顺康人诗集约四百种，佳者十余种"。照此比例推算，徐氏书目著录的佳善本当近二百种，即使当时藏家如林，这个成绩也是不错的。而且，此目仅收普通古籍，并不包括徐氏日记所云"京寓所存宋元板书二箱"等。

国家图书馆今存《永乐大典》"智""制""易"三册，都钤有"弢斋藏书记"。三书1919年由叶恭绰购自伦敦，1932年后归于徐世昌，后被天祥市场永和书局无意中收得，售给北平图书馆顾子刚，1950年捐北京图书馆。故宫博物院今存李日华藏本《十七帖》，学者张伯英许为法帖"第一"。此本题跋满卷，印章更多达71方，首末页分别钤"弢斋鉴藏""鞠人心赏"之印。徐氏藏余"文革"时遭查抄，被故宫博物院收得部分，此本或在其中。又1916年藏书家徐坊去世，留赠宋版《尚书》给徐作为纪念。此外，徐氏所收名家稿本不少，如叶时晰《越雪初集》《越雪次集》清稿本，朱彝尊《明诗综》手稿本，陈三立《七竹居杂记》残稿本等，都堪称书中之白眉。

徐世昌幕宾贺葆真，常年为其打理内务，购藏整理典籍，编辑刊刻图书等。贺葆真字性存，直隶武强人，也是藏书家，徐氏日记留其行迹甚夥，如"（高翰生）书二箱已运来，托性存代为检查"之类。徐氏有《简贺性存》诗，对他的文献功底称誉有加："万轴牙签费校雠，百花深处隐书楼。文章宗派承先业，目录名家接胜流。独慨荆驼存逸史，续将风土记深州。儒门世德清芬远，小阮才华迈应刘。"

1930年，徐世昌委托贺葆真、许海帆等编成《书髓楼藏书目》八卷，1935年铅印出版。这是书髓楼所藏普通古籍书目，按四部分类，著录书名、卷数、撰者、版本等，收经部400种、史部1000种、子部800种、集部5000种，总计超过7200种，数量颇为可观，间有稿抄本及明刊本，主体则是清人诗文集。郭则沄序此目云："聚瑶签于顾海，四库失收；序珍籍于徐楼，千文代纪。……广搜艺囿，遍挹文江。集金题锦鬖之华，极紫字丹书之赏。"全篇出以四六，描述虽多夸饰，但也可略觇徐氏藏书之盛。编目竣事之际，徐世昌赋诗以谢贺氏："淡泊终怀无与俦，烦君为我典书楼。眼中白黑分知守，案上丹黄费校雠。签帙纵横十万卷，古今镕铸几千秋。衰然编目成书后，海上虹光射斗牛。"徐氏另辑有《晚晴簃所藏清人别集目录》4册，著录清人别集2700余种。

天津藏书家中，卢靖、卢弼、陶湘、金钺、胡宗楙等，均以刻书有名于时，其中还应加上徐世昌。不过与诸家细校精刊不同，徐氏所为颇受诟病。

徐世昌力倡颜李实学，故藏书偏于实用，刻书则是其思想之延伸和实践。徐氏任总统时，设有承办公府刻书处，专门刊印徐氏之书。这个刻书处后来更名，就是著名的文楷斋。1919年，徐氏动议影印《四库全书》，可惜计划最后搁浅。退隐天津后，徐世昌又召集一众文人，在北京班大人胡同（今育芳胡同）设徐东海编书处，由周肇祥、陈筱山负责。1924年起，徐氏组织编纂刊行有《清儒学案》《晚晴簃诗汇》《大清畿辅先哲传》《大清畿辅书徵》《新元史》《颜李丛书》《恕谷语录》等典籍，影印出版白云观藏明正统本《道藏》。他还捐资编成《中州文献丛书》，为保存河南文献做出实绩。徐氏所刻之书，《书髓楼藏书目》附录有24种，以部头大、品类多为特色。

徐世昌刻书历来评价有限。伦明《辛亥以来藏书纪事诗》云："文学彬彬大小徐，选诗当代石仓具。别裁初刻同前辙，犹胜壬秋一字无。"这里是说徐世昌、徐世章兄弟编书，多袭蹈前人之轨迹，效明代曹学佺《石仓历代诗选》而作《晚晴簃诗汇》，与清代沈德潜《国朝诗别裁集》有合辙之处。但即便如此，其以文存史的功绩还应肯定，故云"犹胜壬秋一字无"，胜过空洞传续学术的王闿运（字壬秋）。高凌雯《志余随笔》的批评更为激烈："徐公聘修《畿辅书徵》，搜集天津人著作几达三百种，不为不多。但成书迫促，纰缪丛出，遂有百孔千疮之憾。"高氏甚至警告说："至改窜前人书序，随意删润，有如塾师为学僮评文，则更近于轻率。乡人读其书，当参校原本，毋为所误也。"当代学者则认为："徐氏所刻之书虽不足称道，但当彼之时，能刊刻如此巨制，对我国古代文化的传播还是起到了一定的作用，亦为士林之善德。"这应该是持平之论。徐氏刊书问题出在贪多求快。其实在编纂过程中，其所付心血颇多。如1931年始编的《清儒学案》，每篇都由徐氏审读定稿，直至1939年告竣。徐氏日记中，相关审稿记录就有千余处。所以此书印行之时，徐氏虽病入膏肓，但仍欣悦不已。

徐氏刊书内容虽遭物议，但书品大都上乘，这与督刻者贺葆真有关。徐氏有拟刻之书，多会找贺氏商议，而贺也十分尽责。刊刻《大清畿辅先哲传》时，学者王树枏推举匠人分刻，但字体不太美观，贺氏命毁版另刻，由此开罪于王树枏。王遂在徐处说贺之长短，幸好贺确实真心任事，并未失信于徐。此后徐刻《晚晴簃诗汇》《明清八家文抄》《古余芗阁诗集》等，仍由贺氏操办，确保了质量。

典籍图书之外，徐世昌藏画亦多精品，如沈周《仿黄公望富春山居图》、八大山人《河上花图》等。徐氏还嗜藏端砚，曾墨拓各砚花纹题识，汇成《百砚谱》刊行。

徐世昌个人著述，《书髓楼藏书目》附有31种，即使除却雇人编写者，徐氏自著仍近20种，如《水竹邨人集》《退耕堂诗集》《归云楼诗集》《海西草堂诗集》《归云楼题画诗》《退园题画诗》《竹窗楹语》《藤墅俪言》《弢斋述学》等。徐氏今存诗约5000首，其间亦有可诵者。如《新秋即事》云："夜凉初听蟋，午燥尚鸣蝉。窗静数声雨，畦分一脉泉。烟云弄柔翰，风露得清眠。九曲屏风外，青山卧榻前。"写景如画，意境绵远，堪称佳什。徐氏所作楹联，据载有上万副。1934年八十诞辰，他在英租界举行庆典，撰写数百楹联、条幅以赠来宾。

徐世昌托身租界期间，生活简朴无奢，每餐仅荤素各一，来客人也很少加菜。作息更是规律，年过八旬仍很强健，故喜谈养生之道，还吟有"八十老翁顽似铁，三更风雨采菱归"之句。

1933年以后，华北局势日益阽危，日方两次通过曹汝霖，想请徐世昌出面组织傀儡政权，都被他严正拒绝。1938年，徐氏以肾病尿血，医生建议到协和医院手术，因担心蹈吴佩孚后辙，他未敢贸然赴京。1939年6月5日，徐世昌在天津退耕堂寓所去世。北京《新民报》翌日刊出治丧日程：6月6日辰时大殓，7日接三；7月2日成主，3日受吊，4日辰时移灵"英租界牛津道南头弢园别墅"。徐世昌浮厝牛津道三四年之后，葬于马场道英国墓地。1950年移天津北仓公墓，刻石曰"水竹邨人之墓"。

徐世昌为官日久，处世稳健圆融，张伯驹《续洪宪纪事诗补注》咏云："利国无能但利身，虚名开济两朝臣。笑他药性如甘草，却负黄花号菊人。"虽说语含讽喻，但徐氏毕竟全了晚节。

徐世昌藏书是陆续散佚的。光绪三十三年（1907）直隶图书馆筹建，时任东三省总督的徐氏在严修带动下捐出大量书籍。1922年徐氏下野来津，北京书髓楼所藏一分为三：普通本卖到隆福寺修绠堂，各种清人诗文集留存原处，古籍和书画精品则移至天津，置于书楼以供赏玩。

徐世昌离京时，嗣子徐绪直夫妇留守旧宅。徐绪直长子徐延东，到天津随侍徐世昌；次子徐延同，则留北京照顾父母。20世纪50年代初，徐绪直、徐延同均已去世，徐延东迎母亲丁氏到天津。京邸藏书急于清理，徐家再次找到修绠堂，店主孙诚俭深恐文献散失，遂找中国科学院范文澜先生商量。经孙、范居间联系奔走，这批清人著述捐至中国科学院图书馆。

天津书髓楼藏书则境遇蹇仄。1939年徐氏去世未久，沽上遭受罕见水灾，所庋损失甚巨。1941年和1947年，泰安道宅拆售给他人，劫余藏书迁至新华路蝂园。20世纪50年代，徐延东子徐保厘、徐保慈等又卖掉蝂园，迁居洛阳道积善里（今洛阳道23号），此时藏书尚有十余樟木柜，包括徐氏日记及手稿等。除却书髓楼收藏的珍籍，这批书里也有少量后人所购读本，如商务印书馆的翻译小说，宝文堂的各种唱本，还有花花绿绿的画报等。1966年"破四

今洛阳道23号徐保厘、徐保慈旧居（徐世昌遗存藏书最后从这里散出）

旧"，徐家担心引火烧身，乃将洋装书撕掉硬壳，卖给南海路废品收购站；徐氏日记及线装书籍，则由徐保厘夫人出面，找到附近的第三十四中学，请红卫兵拉走交公，部分转入天津图书馆和天津社会科学院图书馆。20世纪80年代落实政策，徐氏日记幸运地回到后人手中，现已公开影印并整理出版。

徐世昌藏书也有散入民间的。2011年，陈三立《七竹居杂记》手稿，现身天津国际拍卖公司今古斋春季古籍拍卖会，残存三、四两卷，钤有"彀斋藏书记"。同年，有人在天津沈阳道古玩市场淘得道光丁酉（1837）白纸精印本何传瑶《宝砚堂砚辨》，钤有"索绰络氏家塾之章""共读楼珍藏""退耕堂藏书记""霜华室藏"等印，知此书先属藏书家国英的共读楼，再转徐世昌的退耕堂，又归天津藏墨名家黄大维的霜华室，后来才流入沈阳道古玩市场。

2021年3月22日于负晴轩

卢靖与知止楼

卢靖是晚清民国著名教育家和藏书家，一生功业围绕兴学、刻书和办图书馆展开，而数十万卷的知止楼藏书，为其教育活动提供了强力支撑。

卢靖（1856—1948），字勉之，号木斋，湖北沔阳（今仙桃）人。清光绪十一年（1885）中举，因精通算学受知于李鸿章，以"博学异材"任北洋武备学堂教习。光绪十三年（1887），历任直隶赞皇、南宫、定兴、丰润等地知县，多伦诺尔厅同知。光绪二十九年（1903）任直隶学务处督办兼保定大学堂督学，三十二年（1906）任直隶提学使，三十四年（1908）任奉天提学使。1912年退居天津。

卢靖

　　卢氏宋末即居沔阳之新堤镇（今属洪湖市），卢靖之父崇瀛迁于仙桃镇（今仙桃市）。仙桃地滨汉水，春夏水涨为患，卢靖乃建矶以杀水势，今谓之卢公矶。

　　卢靖少时饱尝读书艰辛。胞弟卢弼《伯兄木斋先生事略》称："每购一书，非节衣食之用，展转数月，莫能致焉。"这段刻骨铭心的经历，让他把发展教育作为终生职志。提学直隶两年间，他倡办官立中小学校数百所，师范、法政、农商、工矿、医学、美术、水产等专科学校数十所，还有为数众多的民立私立学校。卢靖还亲身实践办学。宣统元年（1909），他在天津河北元纬路家中（今河北区中心小学址）设卢氏蒙养园，1916年设卢氏小学。1922年迁居意租界小马路（今民权路），仍设幼稚园及小学校。1932年在元纬路宅增设中学部，1939年增设高中部，合称木斋学校。

卢靖对教育认识深刻，认为"自强之道，不外作育人之材，而作人之方，赖振兴教育"，教育促进了西方科技的发展，进而造就了军事的强大。他甚至提出"科学战"概念："方今东西各国互相争雄，物质文明日新月异，至能驱遣水火，驾驭风雷，握海上霸权，执寰球之牛耳。人皆知其以兵力强，而不知其以智力强也；人皆知其以机械战，而不知其以科学战也。"这一思想即使在今天也不落后。

卢靖终生聚书，但从不追捧孤本秘籍，所藏均求实用，乃至直接服务于教育事业。他在丰润时正值庚子国变，随时可能出现意外，故致书友人交代后事："它无置念者，收藏书数十簏，请代赠本县学校，吾子孙幸存者，畀以应读之书数百卷足矣。"境遇阽危，念兹在兹的却是藏书。卢靖藏书处曰知止楼，书房曰慎始基斋。天津知止楼位于意租界小马路，即今民权路1号木斋中学，原建筑现已无存。其各类文稿中，署"天津知止楼"或"津门知止楼"者多有。20世纪30年代，卢靖活动重心改到北平，1934年

拆除前的民权路 1 号卢靖旧居

正式移居旧刑部街，知止楼亦随之迁京。

卢靖的藏书数量，因其经常性外捐，不同时期波动较大。综其赠书记录，总量或不下40万卷。其弟卢弼亦是藏书家，但只收精善本。周学熙作诗推誉二人藏书云："析津骚客尽闻人，尤数君家气象新。闭户著书多岁月，埙篪协奏四时春。""群众博极号知津，勋业文章孰此伦。每逢吟笺三浣诵，芝兰白首尚知新。"

卢靖藏书之外还积极刻印图书。他认为，私家藏书仅供一姓之读，捐给图书馆，读者虽多，影响仍受地域限制，图书化身千百，方能流传广远。卢氏兄弟在刻书上分工合作，卢靖解决资金问题，卢弼负责校雠出版，所印以《慎始基斋丛书》《湖北先正遗书》《沔阳丛书》最为有名。

《慎始基斋丛书》刻于光绪二十三年（1897）前后，收张之洞《书目答问》等11种，仅及最初拟目的五分之一。卢靖在丛书跋语中说过原因："光绪丁酉余宰丰润，招致莲池书院梓人，刊行《慎始基斋丛书》，集群书之纲领，为治学之径途，次第锓木者凡十余种。余弟慎之，亦在鄂刻《劝学篇》《天演论》数种。会庚子变起，拳匪洋兵，先后纷扰，事遂中辍。"《湖北先正遗书》第一辑1924年问世，影印《四库全书》所收鄂省文献75种。其后卢氏兄弟积极筹备，拟印第二、三辑，收录四库提要存目、未收诸书，可惜计划落空。伦明在《辛亥以来藏书纪事诗》中，对此表示深为遗憾："乡邦梓旧计空前，微惜纡筹谬后先。金绢不将求异本，麒麟石室亦徒然。"卢氏兄弟累积的湖北典籍珍本乃至稿本，长期存于天津木斋学校空屋，后来被论斤卖作废纸。稍能弥补损失的是，卢氏祖籍沔阳先贤著作12种，1926年刊为《沔阳丛书》。编印三套丛书前后，他们还以慎始基斋名义，刊有《古辞令学》《木皮鼓词》《未筑余音》等图书数十种，其中严复译《天演沦》影响最为深远。

为了编印丛书，尤其是搜集先贤著述，卢靖做了大量基础工作，张元济、傅增湘、刘承干、张国淦、甘鹏云、周贞亮等藏家，都曾出借善本给他。卢靖虽告诫胞弟："余少年求有字之书不可得，遑暇高论，书择有用而已，豪商估客之珍秘，胡为者。"可遇到罕传乡邦文献，他也不吝高价。周贞亮《卢木斋先生寿藏铭》记卢靖云："日夕搜求不倦，凡四方估客，以乡贤遗着至者，虽昂其值无不售。"经过广搜博涉，卢氏兄弟完成《四库湖北先正遗书提要》，梳理各个时期湖北文献的著述、收藏、流传、存佚状况，并对《四库全书总目》相关条目进行考辨，极具学术价值。卢靖在序中披露了印刊书初衷："辛亥暮秋，挂冠辽沈，寂处津沽，岁月骎骎，瞬逾十载……靖则自念，半生窃位，简书劳人，学术事功，无所表见。倏忽衰朽，顾影惭惶，回忆梓桑，涓埃未尽。窃不自揣，拟网罗乡贤遗著，汇为丛刊，步《畿辅》《豫章》之后尘，仿《武林》《绍兴》之先例，少尽此生之责，藉抒景仰之忱。"对于刻书前景，他明确表示忧虑："顾时局多艰，世变难测，当兹垂暮之年，抱此闳奢之愿，能偿与否，安敢预期？"《慎始基斋丛书》和《湖北先正遗书》均未能完成计划，证明其担心并非多余。诸书编印过程中，卢靖虽少亲力亲为，但也倾注了大量心血，即使在北戴河东山别墅避暑，仍每日与人函商刊印乡贤著述。卢弼咏此事云："愿将楚贤遍搜求，逭暑东山不自休。书问往返盈尺许，乡贤著述付千秋。"兄弟间往返信札堆了一尺多高。

开办图书馆是卢靖推进教育的直接手段。他认为教育发展不仅是办学校，还得建图书馆。最早他在丰润浭阳书院设图书馆，旋创办经济学堂亦附图书馆。提学直隶、奉天之时，卢靖开始大显身手，创办有天津直隶图书馆、保定直隶图书馆和奉天图书馆。创建图书馆过程中，卢靖有三事为史家所乐道。

一是捐建直隶图书馆。光绪三十三年（1907），直隶提学使卢靖委派张绣儒、储毓轩，在天津和原省城保定筹建直隶图书馆，卢靖捐出奉银5000两，用于"建筑馆舍，购置书籍器具等件"。宣统二年（1910），直隶总督陈夔龙知悉情况，上疏为调任奉天的卢靖请求褒扬："查该前署学司卢靖，本爱国之公忠，为树人之至计，当筹款维艰之际，首先报效实银至五千两之多，成此美举，洵属热心学物，虽据称不敢仰邀奖叙，究未便没其好义之忱。"随后清廷同意嘉奖，卢靖获赐二品顶戴。

二是捐建南开大学木斋图书馆。卢靖与南开学校创办人严修、张伯苓交谊深厚。1923年南开大学迁入八里台，思源堂内的图书馆远不敷用。1927年，卢靖捐资10万元建造新馆。据胡铁树《卢木斋其人其书》记，促成此事者是卢氏外甥黄钰生，黄时在南开大学任教，知道学校经济维艰，为此向卢提出建议。新馆建造由关颂声所创基泰工程司负责，年过古稀的卢靖"亲督瓦石，冒暑指挥"。1928年木斋图书馆落成，卢氏捐图书10万余卷以实其间。10

南开大学木斋图书馆纪念碑亭（1937年7月毁于侵华日军炮火）

月17日，适逢南开大学创办九周年，图书馆同时举行揭幕式，天津市市长崔廷献及严修、颜惠庆、袁同礼、崔伯等名流数百人观礼，卢靖致辞并将馆舍钥匙交给张伯苓。1929年11月30日，教育部部长蒋梦麟颁布奖状，表彰卢靖兴学助教义举。12月，南开大学建碑亭以为纪念。王葆心撰《木斋图书馆记》、卢弼撰《伯兄木斋蠲建图书馆记》镌于碑之两面，书丹者是曾任四川学政的书法家郑沅。

在卢靖带动下，天津藏书家严修、李典臣、李组绅等，都向木斋图书馆捐了图书，累计超过10万卷。1934年，柳亚子参观后写诗云："百城南西足论功，堂构巍峨缔造雄。十两黄金书万轴，教人长忆木斋翁。"1937年7月29日，南开大学遭到日军轰炸，木斋图书馆惨遭损毁，转天日军又纵火破坏，图书和设备被劫掠一空。1947年8月，南开大学从日本追回外文图书和零散书籍194箱，经上海运回天津。这些劫后幸存图书的扉页，都贴有"民国二十六年此书被日寇劫去胜利后由东京收回刊此以资纪念"标签。今南开大学图书馆善本部藏书，偶尔尚可见到"慎之手校"方章。

三是设立北京私立木斋图书馆。卢靖早年有办木斋大学计划，然时局动荡无奈搁浅。1932年，他购得北京西单牌楼旧刑部街20号住宅（今民族文化宫址），决心建第二座木斋图书馆。据其婿傅汝勤《叙乐堂记》载，此地是清代河道总督成孚旧园，"垒石为山，引水为瀑，佳木异卉，列植交阴，亭台池榭，极游览之娱"，环境十分优雅。北平私立木斋图书馆1934年11月筹办，1936年10月开馆，北京大学教授胡钧任馆长。馆藏图书24万卷，主体为线装古籍，另有新书4500册，杂志100多种，阅览室可容纳200人。未及一年，卢沟桥事变爆发，图书馆被迫关闭，所藏历尽劫难。据《姜德明书话》回忆，他"敌伪时期收购藏书家卢木斋的旧书，一笔就是六十万元"。1945年抗战胜利，卢氏已年近九旬，再无心力恢复办馆。1948年8月10日，卢靖先生在北平辞世。

卢靖精通数学，长于计算。辞官之后，他在天津、北京、山海关、北戴河投资地产和实业，收入极为丰厚。但他八十初度时却预立遗嘱：购置房地产、经营股票红息得来的家财，皆作为木斋教育基金之用，凡文化事业力所能为者，莫不以教育基金为之，遗产不传于子孙。女儿卢开骊、儿子卢开瑗遵其遗愿，乃将北平木斋图书馆捐给清华大学，计划由木斋教育基金会出资创办木斋数学研究所。

为此，清华大学成立木斋数学研究基金委员会，梅贻琦、叶企孙、陈岱孙、潘光旦、卢开骅、黄钰生、卢开瑷任委员。未久辽沈战役爆发，卢宅被东北第一临时中学占用，图书再次严重受损。清华大学清运残存图书时，很多丛书或套书已经不全，此次编有《国立清华大学图书馆木斋先生赠书实存目录》。1957年重新核实卢氏赠书，编有《卢木斋先生赠书草目》。清华图书馆今存卢氏藏书1607部，1868种，23416册，去1936年馆藏之数甚远。

清华大学图书馆韦庆媛研究认为，卢靖赠书有三大特色：一是古籍版本极丰，堪称版本博览园。有拓本、木刻本、活字本、钤印本、石印本、影印本、排字本；有稿本、抄本；有朱墨本、红印本；有殿版、聚珍版、仿宋聚珍版、坊刻本、家塾刻书；有雕版、活字版（木活字、铜活字、铅活字）等。《全国善本书总目》著录卢氏赠书34种。二是数理著作多，这是卢氏最重要的特藏，明清数学著作即有六七十种，可构建西方数学传入中国的历史。此外还有王国维译的日本数学教育家藤泽利喜太郎著《算术条目及教授法》。三是注重新书籍。北平木斋图书馆体现了倡导读书、启发民智的教育理念。当时各出版机构的书目和各图书馆的藏目多有收藏，作为购书时之参考。新书涉及中外历史、政治、经济、法律、科学、教育等领域。著名学者和作家、艺术家王国维、梁启超、章太炎、赵元任、罗常培、叶圣陶、刘海粟等的新书，卢氏也有购藏。以上虽是针对清华大学现存卢氏赠书而言，然大体亦能反映卢靖藏书的取向和特色。

卢靖数学著述颇多，有《火器真诀释例》等十余种。卢氏并非纸上谈兵的书生，在鄂时驻军演放生铁炮，他提醒臬司黄子筹须防意外，结果铁炮忽然炸裂。黄以此专设算学书院，聘请卢靖主讲，由此他才得到李鸿章赏识。卢弼有诗记云："火器新编付锦囊，群儒舍辩自昂藏。棘门灞上真儿戏，生铁飞扬应早防。"卢靖的零散文字，1955年由卢弼编为《卢木斋先生遗稿》。藏书家金钺作跋语，对其文章道德评价极高："文词朴穆渊懿，方之往昔醇儒，固无愧色。先生负经世才，未竟厥绪，即修然高隐，以著述自娱。凡所编纂之鸿篇巨制，校刊而流播者，久已名重当世，是其不朽之业，有以乘先而启后，知必传衍于无穷矣。"

2021年3月24日于负晴轩

李盛铎与木犀轩

民国天津藏书家群星萃聚，李盛铎则其佼佼者也，他不但藏书质量超拔，且总是公案缠身，这也让木犀轩受到学界更多垂注。

李盛铎（1859—1937），字椒微，号木斋，别署师庵居士，晚号麟嘉居士等。祖籍江西德化（今九江）谭家畈，清咸丰九年（1859）生于北京南蠮眠胡同。六年之后，戊戌六君子之一的谭嗣同，也在这条胡同呱呱坠地。

李盛铎五岁起，随父宦游湘鄂闽，同时开蒙习经，十一岁即已通读《说文解字》和《经典释文》。他光绪五年（1879）中举人，光绪十五年（1889）成进士，出自大学

李盛铎

士徐桐门下，同榜的还有恽毓鼎和叶昌炽。李盛铎初授翰
林院编修，充国史馆协修。光绪十七年（1891）出为江南乡
试副考官。光绪二十年（1894）甲午之役，在督办军务处
担任文案。光绪二十四年（1898）戊戌变法前夕，与康有
为等发起保国会，为座师徐桐所知，召其前来叩问，李竟
反戈一击，出卖了康有为。这是他的第一桩公案。就在这
年，李盛铎迁转频繁，先是补授江南道御史，派充京师大
学堂总办，后是前往日本考察学务，途次奉旨代理出使日
本大臣，旋又加三品卿衔实授。光绪二十七年（1901）归
国，补内阁侍读学士，授顺天府府丞。光绪三十年（1904）

署理太常寺卿。光绪三十一年（1905），随镇国公载泽、户部侍郎戴鸿慈、兵部侍郎徐世昌、湖南巡抚端方、商部右丞绍英等五大臣，分赴东西洋考察宪政，派为出使比利时大臣。宣统元年（1909）复命，仍回顺天府府丞任。宣统三年（1911）授山西提法使，旋改为布政使，一度署理巡抚。1912年辛亥革命后，受袁世凯之聘为大总统顾问。历任参政院参政、农商总长兼水利局总裁、参政院议长、国政商榷会会长等。1920年直皖战争，北京政府解散安福国会，李盛铎退隐天津。

德化李氏耕读世守，四代藏书，其间几经起落，至李盛铎居津集于大成。曾祖李恕为贡生，道光初年于谭家畈建木犀轩，有藏书10万卷，毁于太平天国战火。祖父李文湜收拾丛残，赓续藏书。父亲李明墀以荫入仕，官至湖南巡抚，薪俸所余辄置经籍，刻古书，有藏书楼麟嘉馆和凡将阁。

李盛铎受父亲训育，少读经史，尤嗜小说、武术、卜筮之书。他早年通读《四库全书总目提要》，对历代典籍有着完整认识。十二岁开始购书、抄书、校书，明景泰刻本《文山先生全集》，是他购下的第一部藏书。随父居长沙时，李盛铎购得袁芳瑛藏书，奠定了木犀轩的基础。袁任松江知府时，广求江浙名家珍籍，装运数十船回湘潭，筑卧雪庐庋之。袁氏去世后，其子袁榆生散书，李盛铎以地利得其精华。

光绪十二年（1886），李明墀英年早逝。光绪十三年（1887），肩负养家重任的李盛铎，在上海英租界开办蜚英馆，刊印《说文解字》《资治通鉴》《三希堂法帖》等。两年后中进士，转为经营仕途。在沪期间，他结识日本药店老板岸田吟香。岸田说，明治维新后日本"脱亚入欧"，对汉籍弃如敝屣。李盛铎抓住时机，倾力购进流播东瀛的中国古籍与和刻古籍。出使日本时，他又得目录学家岛田翰之助，买下大量和刻本、活字本、旧抄本以及高丽刻本，其中颇多宋元旧椠，余亦多为国内罕见甚至久佚之书。

李盛铎居平津时，常到琉璃厂访书。清末民初风云变幻，私家珍藏流入厂肆，曲阜孔氏、商丘宋氏、意园盛氏、聊城杨氏、宁波范氏、巴陵方氏之书，李盛铎都有所获。购书既多，自然会生奇遇。1917年他买下《大定新编便览》残本，是珍罕的星相书。八年后竟又访得失散部分，他欣然题跋云："延津剑合，何其幸也！因亟携归而合藏之，为密册之一。"李盛铎购书有两大得意之笔：一是得到海源阁藏宋刻精品《史记》《孟东野集》《山谷大全集》；二是1925年买下罗振玉藏内阁大库明清档案。李盛铎所藏，还有翰林院《四库全书》底本40种，钱谦益、戴震、翁方纲、黄丕烈、李文田等名家稿抄本。傅增湘《审阅德化李氏藏书说帖》评价李氏藏书说："量数之丰，部帙之富，门类之赅广，为近来国内藏书家所罕有。"

木犀轩为李氏藏书楼总称，此外藏书斋堂名号颇多，如建初堂藏先代遗书，甘露簃藏御纂和钦定图籍，庐山李氏山房藏乡贤遗著，古欢阁藏金石图籍，俪青阁藏师友翰墨，两晋六朝隋唐五代妙墨之轩藏写经及名人翰墨，蜚英馆藏铅石影印图籍，延昌书库藏海外图籍，延古堂藏珍善之本。李氏的藏书印有"木犀轩""麟嘉馆""凡将阁""庐山李氏山房""李氏玉陔""李氏家藏文苑"等，李盛铎手校审定本则钤"木斋审定善本""木斋审定"等。

李盛铎的藏书，最珍贵者当属敦煌遗书，然因来路不正备受指责，这是他的第二桩公案。光绪二十六年（1900），敦煌遗书被道士王圆箓发现后，遭到英国斯坦因、法国伯希和、俄国奥登堡、日本大谷光瑞等的攘夺。直到宣统元年（1909），在学者罗振玉等呼吁下，学部左丞乔树楠着陕甘总督毛庆藩封存藏经洞，并拨专款给敦煌知县陈藩，征集流散的敦煌遗书。宣统二年（1910），清廷命甘新巡抚何彦升押解遗书到京。结果诡异一幕发生了，运送遗书的车队抵京后，押运官傅宝华（据云乃李盛铎外甥）未到学部销差，竟把遗书弄到何彦升子何震彝私宅。何震彝时任内阁中书，他叫来岳父李盛铎，李又叫来刘廷琛、方尔谦，四人细阅遗书，各取所需，截留下精品经卷。为掩盖私藏之迹，他们又将普通写卷撕开充数。事情很快败露，罗振玉校印《鸣沙石室佚书》时怒斥李等的劣行，学部侍郎宝熙亦上章参奏。不久武昌起义发生，清廷自顾不暇，此事不了了之。

李盛铎攫取的敦煌遗书当在七百卷以上，社会公认是敦煌遗书之白眉，故民国时已有人大量伪造，私刻"木斋审定"之类印章，冒充李氏所藏牟利。李的外甥陈益安即造假者之一，据说他有两大特长：一是模仿唐人写经书体可以乱真，二是用印色钩摹藏印字框极为神似。

李盛铎在津居所，已知最早者在今河北区。宣统元年（1909）李自比利时回国，暂寓大经路唐绍仪别宅，即今中山路、宙纬路交口达仁医院。随李住此的是横沟菊子，这牵扯到李盛铎的第三桩公案。菊子本是日本劳动运动创始人高野房太郎夫人。光绪三十年（1904）高野客死青岛，菊子携带孩子返日谋生。因为她略晓汉语，受聘于中国公使馆，与随五大臣赴日的李盛铎产生感情，其后菊子赴比利时追随李氏，生下儿子李少微。宣统二年（1910），菊子闻父亲病危，独自返回东瀛。据学者最新研究，唐绍仪、李盛铎同为外交官，在欧洲接触较多，因唐发现菊子有间谍嫌疑，这才遗弃。1935年，李少微托友人赴日寻母，得知菊子1914年即已病逝，为此编印《李母横沟宜人传略》作为纪念。此时李盛铎尚健在，然对菊子未置一词。

李盛铎在津自置房产，至少有英租界黄家花园和戒酒楼、法租界兆丰路、日租界鸿升里等。光绪二十六年（1900），候补道黄荫芬在今南京路、山西路交口购地，建起一座带小花园住宅，左近之地遂被呼为黄家花园。黄宅后归李盛铎，1942年又由其子让给颐中烟草公司王者香，王拆除旧楼建起静远里。李氏戒酒楼宅位于今建设路，与买办王铭槐、吴调卿及遗老吕海寰为邻。吴家宅门深广，号称吴家大院，后更名光学新里，原初建筑2007年全部拆除。

李氏兆丰路寓所略微复杂：一是它位于法租界无疑，但因紧邻日本人所筑秋山街，故当时就常被误会在日租界。

今兆丰路2号李盛铎旧居

二是1935年《益世报》载，李住兆丰路信厚里1号。信厚里乃大伦绸缎庄毛叔堂所建，旧1号乃今兆丰路1号。而据近年不同渠道调查，又都指认今兆丰路2号为李宅，著名翻译家杨宪益和作家杨苡，青少年时随母亲租住过这里。在兆丰路，李盛铎遇到第四桩公案，就是小他五十余岁的侍妾张淑贞，1933年以遗弃伤害罪起诉，李被判赔偿5万元。此前，藏书家刘承干亦遭侍妾要挟破财，为此学者伦明在《辛亥以来藏书纪事诗》中写道："添香捧砚旧怜卿，竟为钱刀到法厅。非管吹翻一池水，直愁倾了两书城。"张淑贞与李的另一侍妾翟氏，时住日租界鸿升里15号，在今锦州道与河南路交口，整个里巷保存完好。1937年2月4日，李盛铎在兆丰路寓所病故，黎元洪、曹汝霖等参加了葬礼。

李盛铎晚境日窘被迫散书，张淑贞诉案更是雪上加霜。1935年，木犀轩藏书即有抵押给银行或书店者。最早成批量散出的则是敦煌遗书，除了零散归于周叔弢等藏家的，有二百余卷售给南京国立中央图书馆，现藏台北"中央图书馆"；大部分则由日本学者羽田亨介绍，以8万日元售归东瀛企业家西尾新平。1935年12月15日和21日，《中央时事周报》刊出《德化李氏出售敦煌写本目录》，列明售至日本的敦煌古卷432件。羽田对这批古卷觊觎已久，1928年就到过黄家花园，拜访李盛铎并观赏所藏。1936年古卷运到东京，交由羽田保存研究。羽田去世后，古卷归藏日本杏雨书屋。2009年起，杏雨书屋将包括李藏在内的700余件敦煌遗书，以"敦煌秘笈"为名陆续出版，被誉为"敦煌学最后的宝藏"。

李盛铎去世后，平津盛传日本人又要买走木犀轩其他藏书。主持北平图书馆工作的副馆长袁同礼，在教育部支持下拟以30万元收购。袁同礼为此邀请傅增湘、胡适等帮忙斡旋，傅增湘《审阅德化李氏藏书说帖》即此时而撰。1937年6月15日，胡适也到戒酒楼10号李宅看书，其日记云："下课后，乘车到天津，袁同礼到车站来接。晚饭后到李木斋家去看他的遗书。李氏兄弟侄搬出他家善本书。由袁同礼、徐森玉同看，赵斐云记录。到半夜始散，当夜寓裕中饭店。"赵斐云即赵万里，与徐森玉同为文献学家，当时都在北平图书馆采访部工作。二十多天后卢沟桥变起，北平图书馆的收购计划流产。

华北沦陷期间，李少微出任伪天津县知县。1940年，伪华北临时政府出面与其商洽，以40万元价格收购木犀轩藏书，交由北平的伪北京大学文学院收藏。据信，其时挂职伪北大图书馆馆长和文学院院长的周作人、伪教育总署督办汤尔和，在收购木犀轩藏书一事上起过作用。木犀轩另有部分藏书，以6万美金售给哈佛大学图书馆。李少微因出任伪职，抗战后被判五年徒刑。

归入伪北京大学的木犀轩藏书，抗战胜利后由复校的北京大学接收。1946年在赵万里主持下整理编目，宿白、冀淑英、常芝英、赵西华等参与。1956年出版《北京大学图书馆藏李氏书目》，时任馆长向达作序。此书著录木犀轩藏书9087种，其中珍罕之本逾三分之一，被编入多种善本书联合目录。

李盛铎与叶恭绰、罗振玉、傅增湘并称民国四大藏书家，他与同嗜藏书的卢靖、章钰、陶湘、傅增湘、梁启超、袁克文、周叔弢等都有交往。李盛铎精于版本之学，编有多种藏书目录：《木犀轩收藏旧本书目》1册，著录善本600余种，系光绪丁亥（1887）手编；《木犀轩收藏旧本书目》1册，著录善本约2000种，系民国甲子（1924）抄毕，乃前目之续编；《木犀轩收藏旧本书目》4册，著录图书逾万种，系藏书总目；《木犀轩藏书目录》10册，系排架目录。还有《木犀轩藏书书录》20册,《木犀轩宋本书目》1册,《木犀轩元本书目》1册,《麟嘉馆行箧书目》1册续1册,《李木斋氏鉴藏敦煌写本目录》1册,《李盛铎藏书目提要》3函等。1940年藏书售归伪北京大学时,李少微等又编有售书目录。

李盛铎访书之余勤于编校,青年时就辑有《木犀轩丛书》等,退隐后更是丹黄不辍。其校读之书,多自书跋语,记述得书经过、版本源流、书林掌故等,学界誉为"有黄荛圃、顾千里遗风",以之媲美著名的"黄跋顾校",评价可谓极高。1949年后北京大学整理李氏手迹,辑录为《木犀轩藏书题记》173篇。而记录其藏读心迹的《木犀轩藏书书录》,按经史子集分为四部,著录珍本1464种,详录抄校流传原委、原书序跋、前人题记、收藏印记以及卷帙编次、行格字数、版心题字、刻工姓名、讳字和牌记等。1979年起,北京大学图书馆张玉范整理李氏藏书题记和书录手稿,于1985年出版《木犀轩藏书题记及书录》,约略可觇李氏读书之勤和校勘之精。

2020年3月27日于饱蠹斋

翁氏家族藏书在天津

常熟翁氏家族是著名的文化世家，藏书活动历十数代四百余年而不绝，缔造了中国藏书史上的奇迹。然而鲜为人知的是，翁斌孙一支长期生活在天津，使得翁同书和翁同龢的珍贵藏品，经过历史的风云际会之后，都萃聚在了天津，最终又从这里流向各方。

翁氏家族最早的藏书记录，始于明末的翁应祥（1565—1642）。但真正为翁氏藏书奠基的，则是官至体仁阁大学士的翁心存（1791—1862）。清道光五年（1825），常熟藏书家陈揆病殁，其稽瑞楼所积很快散出，翁心存搜购约有万册，翁氏藏书由此初具规模。翁心存去世后，藏书归长子翁同书和四子翁同龢所有，双流并行而且大为拓展。

翁同书（1810—1865）官至安徽巡抚，虽在军中却丹黄不离。他整体购得秦恩复的石研斋藏书，并在祖居辟双桂轩以庋之。翁同书的这些藏书，由其子翁曾源、其孙翁斌孙先后继承。

翁同龢（1830—1904）号称"两朝帝师"，为晚清政坛闻人。他寓居京师时，购得宋元珍本数百种，著名的怡亲王府乐善堂遗书，就大多归他所有。他在京城的藏书室有一经堂、宝瓠斋等，并手写过《东堂书目》。光绪二十四年（1898），翁同龢因支持维新变法，被清政府开缺回籍。翁同龢膝下空虚，嗣以其兄翁同爵之子翁曾翰。翁曾翰曾任内阁中书，负责保藏典籍，因此喜欢藏书抄书。可惜翁曾翰英年早逝（1878年去世），其子翁安孙亦相踵离世（1881年去世）。

翁同龢被夺官归里后，京邸即由翁斌孙、翁之廉父子居住，所藏图书、碑帖、字画等，因为匆遽出京未能携行。光绪二十五年（1899），翁斌孙将翁同龢寄存在京寓的各种藏品，连同文书档册、手札墨迹等运回常熟，存放在彩衣堂老宅之瓶隐庐。

翁斌孙

　　翁斌孙（1860—1923）是翁同书之孙，字弢夫，号笏斋，又号廉访，晚号笏居士等。其父翁曾源（1834—1887），同治二年（1863）状元，官国史馆纂修，因体弱告病归里以终。光绪三年（1877），十七岁的翁斌孙进士及第，以侍讲衔任翰林院检讨，转功臣馆、国史馆、方略馆、会典馆协修、纂修、总纂等，迁内阁侍读、大同知府、冀宁道，宣统三年（1911）六月授直隶提法使。

　　翁斌孙因少年得志，很受叔祖父翁同龢钟爱，被当成接班人来培养。两人在京宦寓期间，翁同龢的公事私事，都由翁斌孙帮忙打理。这些在翁同龢的日记中有着频繁记载。由于特殊亲密的祖孙关系，光绪十六年（1890），翁斌孙次子翁之廉被过继到翁安孙名下，成为翁同龢的曾孙。

翁斌孙的直隶提法使只干了两个月，辛亥武昌起义爆发。翁斌孙预感到政局不妙，离开保定退居天津，在英租界红墙道（今新华路231号）购宅。翁斌孙的书房称作笏斋。他对祖父翁同书、父亲翁曾源的藏书又有增益，如以600元购得宋本《古文关键》，以800元购得明抄《古堂类范》等。翁斌孙酷嗜坟典和金石之学，为了购藏上的方便，居京时曾与渠本翘在琉璃厂开设虹光阁，收售古籍、书画、文玩等。翁斌孙在津期间的日记，也经常有买书记录，不过经济上已现出窘象。他的藏书章有"翁斌孙印""翁斌孙观""斌孙之印菏官世家"等。翁斌孙所抄书，有《穆天子传》《百夷传》《五国故事》等。翁斌孙的著述也不少，有《一笏斋集》《笏斋诗集》《笏斋漫记》《笏斋日记》《笏斋复瓿集》《笏斋所藏物》《湖楚行踪》《春闱小记》《津门所见录》《乙卯装书记》等三十余种。常熟市图书馆古籍部所藏《笏斋所藏物》，著录了他收藏的碑帖，每种都注明"家传旧物""文勤公旧藏""父亲藏""叔祖赐"或购于某地等。

翁斌孙有三子：翁之润、翁之廉、翁之熹。翁之润英年早逝，他以词学见长，主要活动于江南。翁之廉和翁之熹，除了为官在外，则长期随父亲生活。

光绪三十年（1904）翁同龢去世，所藏图书、碑帖、字画以及日记、手稿等自然由翁之廉继承。1916年至1917年间，翁斌孙回常熟整理翁同龢遗物，将所藏精品转移到天津。至此，翁斌孙继承的翁同书藏书，翁之廉继承的翁同龢藏书，都集中在了天津翁宅。翁斌孙转运翁同龢藏书，是低调甚至秘密进行的，当时学人已未知其踪，以至有"翁氏藏书，今皆无尺牍片纸"之叹。

翁之廉（1882—1919），字敬之，清末任过观察使。藏书室名陔华词馆、灵蛮室、师曾室。他和藏书家傅增湘关系颇密，曾出旧椠十多部给傅增湘过目，如宋本《施顾注苏诗》《鉴戒录》等。傅增湘《施顾注苏诗》题跋中说："忆癸丑（1913）甲寅（1914）间，余侨居津门，与常熟翁敬之观察衡宇相望，晨夕过从，谭宴欢洽，藉谂松禅师藏籍半归其守护。暇日敬请拜观，因出旧椠名钞十许部见示，其最珍秘者，宋刊《鉴戒录》及是书也。"翁之廉1919年在天津去世。翁之廉没有子女，应其夫人强春卿之请，1920年翁之熹之子翁兴庆（时甫两岁），被过继到翁之廉名下。

1922年翁斌孙病逝。这时，翁之熹继承了翁同书一系藏书，而翁兴庆则继承了翁同龢一系藏书。当然，这时的翁兴庆只有四岁，名下藏书实际由嗣母强春卿监护，本生父翁之熹代为保管。1923年，商务印书馆涵芬楼准备影印出版翁同龢日记，即由张元济出面与翁之熹商定。

天津翁宅遗址在今烟台道与新华路转角处，是翁斌孙来津寓居时所置。翁之廉和翁斌孙去世后，1932年由翁之熹拆除重建，为独门独院的三层洋房。该楼由著名建筑师沈理源设计。翁之熹与沈理源关系甚密，其女翁禅庆还认沈理源为干爹。1951年，翁之熹将宅院售出。这处宅院紧邻宋哲元旧居，1976年唐山地震时受损，一并拆建为富兰特酒店，现门牌为新华路231号。

翁之熹（1896—1972），字克斋，自号翠岭归客。光绪二十二年（1896）十月十四日生。宣统三年（1911）八月，随父亲翁斌孙迁居津门。他自幼受到中国传统教育，早年在保定读过书。1913年，入天津新学书院中学部三年级。1915年和1918年，分别于中学部和大学部毕业。他连续五

翁之憙

年获得奖学金，因此被留校任英文教员。1919年，任北京政府西北筹边使署筹备处秘书、西北筹边使署秘书。1920年至1922年，任天津汉文《京津泰晤士报》编译，其间兼任南开中学英文教员。1921年，任天津耀华机器制造玻璃公司秘书。1925年，任欧美各国考察专使署秘书（徐树铮为专使），同年转开滦矿务局任职，直到1951年退休。此后，翁之憙又在天津的中苏友好协会俄文班、军委试验场俄文班、第十六中学、俄文专科夜校、南开大学等处任俄文教员。1956年，受命筹建天津市医学图书馆（今天津市医学科学技术信息研究所），1957年开馆并任副馆长。著作经后人编辑出版的有《入蒙与旅欧》等。

　　翁之憙典守的翁氏藏书，主要去向大体清楚：翁同龢一系藏书精品，由翁兴庆带到美国，2000年4月有一部分被上海图书馆回购；翁同书一系藏书以及翁同龢一系藏书所余，1950年捐赠给北京图书馆。

　　翁兴庆（今名翁万戈）1918年7月生于上海，在天津接受启蒙教育并完成小学、初中学业。据翁兴庆回忆，他被过继到翁之廉名下并承继珍贵藏书时只有两岁，自然什么都不懂，"就跟天上掉馅饼似的"。四岁时翁兴庆被接到天津，住在英租界的一所房子。他说："我从小喜欢画画，我的父亲（翁之憙）也是学的国画，属于王翚那一派，从小我就跟着他学画。在十几岁的时候和我二哥，还有姚家三兄弟，组织了一个北方漫画社。我们的漫画还常被天津的《庸报》刊登。"1936年，翁兴庆在北京汇文中学高中毕业，被保送到燕京大学，但在父母劝导下他最后进入上海交通大学。1938年，抗日烽火燃遍半个中国，为延续翁同龢五世单传的血脉，翁兴庆听从父母安排远赴美国，在普渡大学继续学业，1940年获机电工程硕士学位。之后，他又进入威斯康星大学美术系，学习油画及人体写生，由此终生从事他热爱的绘画、摄影及电影工作。

1948年秋天，翁兴庆回到天津家中。为了躲避战火，他把继承的藏书精品运往美国。他回忆说："到了天津，得到我父母、大哥的帮忙，把东西精选后装箱。全部带走是不可能的，东西实在太多，但精品都带走了。我让老伴和女儿先坐火车到上海，自己坐开滦煤矿局的煤船，带着那几箱书画前往上海。煤船只有两个舱，一个是船长的，一个就是我所在的客舱，摇摇晃晃走了三天，煤船抵达上海。"1948年冬，翁兴庆到了纽约，而托运的书画，直至1949年春才抵达。

1985年，纽约华美协进社举办翁氏藏书展览，许多孤本秘籍突然出现，令学界震惊不已。2000年4月，翁兴庆将家藏80种542册善本古籍，通过中国嘉德国际拍卖有限公司，以450万美元价格转让给上海图书馆。上海图书馆入藏的翁氏藏书中，颇多珍罕秘籍，有些还是传世孤本。在这80种古籍中，有宋刻本11种，元刻本4种，明刻本12种，清刻本26种，名家抄本、稿本27种。在11种宋刻本中，有8种被学界认定为国宝级善本：《集韵》十卷，南宋初明州刻本；《邵子观物内篇》二卷、《外篇》二卷、《后录》

二卷、附《渔樵问对》一卷，南宋福建漕治刻本；《长短经》九卷，南宋初年杭州净戒院刻本；《重雕足本鉴诫录》十卷，南宋中期浙江刻本；《丁卯集》二卷，南宋后期临安府陈宅书籍铺刻本；《会昌一品制集》存十卷，南宋中期浙江刻本；《注东坡先生诗》原四十二卷存三十四卷，南宋嘉定六年宁宗时淮东仓司刊、宋理宗景定三年修补印本；《新刊嵩山居士文全集》存四十二卷，南宋乾道四年蜀刻本。

1948年翁兴庆只身赴美之前，翁之憙整理天津藏书，编写了《常熟翁氏藏书记》，在序中他感慨"满地兵戈，保身匪易，保书良难"，并流露出化私为公的意思。1950年，北京图书馆（今国家图书馆）善本部主任赵万里来天津。翁之憙与赵万里早就熟悉，因此约其到家中观书。赵万里看后激动不已，说发现了"生坑"，认为这些藏书无论数量还是质量，都不亚于著名的铁琴铜剑楼瞿氏藏书。由赵万里经手，北京图书馆自翁家购得100余种目录类书，大部分是刘喜海抄本，统一使用绿格纸，版心印有"东武刘氏味经书屋"字样，其中《脉望馆书目》《寸存堂书目》等极为稀见。自1950年至1952年，翁之憙又分五批将珍善本古籍3779册捐出，包括南宋淳祐年间刻本《论语集说》、南宋咸淳元年刻元递修本《说苑》、南宋中期刻本《本草衍义》和《昌黎先生文集》，还有元、明、清刻本和明清抄本。北京图书馆为此编有《常熟翁氏捐献书目册》。这批捐献图书，凡是翁同书一系藏书，多以翁之憙名义捐赠，凡是翁同龢一系藏书，多以翁兴庆名义捐赠。翁之憙长子翁开庆回忆说："1950年夏，天津解放后不满半年，北京图书馆赵万里、高熙曾两先生来访，下榻我家，遴选家中所藏书籍，昼夜不息，历时半月有余。凡所选善本，父亲都悉数举以献国家。"

1950年9月18日，文化部文物局局长郑振铎在《一年来"文物工作"纲要》中，盛赞翁之憙捐献的明清抄校本古籍等"尤为国之重宝"。文化部部长沈雁冰，亲自为翁之憙签署了褒奖状。

留在常熟的翁氏藏书，一部分散到民间被私家收藏，其余7000余册捐赠给南京图书馆，1712册捐赠给常熟市图书馆。常熟博物馆藏有《皇家兵制考》和《笋斋日记》手稿等。翁同龢纪念馆也有少量翁氏藏书。

1951年，翁之憙搬离烟台道51号（当时门牌），移居

今新华路184号翁之憙旧居

新华路260号（当时门牌）。"文革"期间，翁之憙新华路
宅遭红卫兵多次查抄，留存的少量图籍和照片、档案等文
献损失殆尽。其间，翁之憙全家还被赶至洛阳道31号短暂
居住。因无休止的批斗，翁之憙身心遭受重创，1972年2
月2日在凄惶中悄然辞世。新华路楼1985年由后人售出，
位置在今洛阳道与新华路交口，门牌现为新华路184号。

　　翁之憙精通英语、俄语、日语，略懂法语。他还能吹
箫，喜昆曲，晓诗词，精书画。其书法宗唐人写经，绘画

宗清初王翚，可惜存世作品不多。有稿本《岚霭词》，清丽婉约，颇堪传诵。其《天仙子》曰："酒阑眉语意迷离，欲问还疑总费辞。个中滋味个侬知。寻好梦，惹情丝，道是相思却是痴。"

肇自翁心存，终于翁之憙、翁兴庆，六代典守的常熟翁氏藏书，经过起承转合，在天津臻于鼎盛，最终又流布各方，完成了藏书史的一个轮回。

2017年6月14日于四平轩

2017年7月16日补充修订

严修与蟫香馆

　　教育家严修非以藏书名世，但他却是不折不扣的藏书家。严修生前身后，尽瘁于图书馆事业，散尽其十万卷藏籍，堪为捐书泽世之楷模。

　　严修（1860—1929），字范孙，号梦扶，又号偲屃生，书斋曰蟫香馆。祖籍浙江慈溪，七世祖应翘以经商迁津。清咸丰十年（1860）英法联军侵华，严家避居直隶三河，严修就出生在那里。他早年就读天津问津书院，师从学者张佩纶等。光绪八年（1882）中举人，光绪九年（1883）成进士，初为翰林院庶吉士，散馆授编修。光绪二十年（1894），外放贵州学政，肆力倡导新学，以奏开经济特

严修

科，遂为世所重。光绪二十四年（1898），因结交康梁等维新人士，失欢于座师徐桐，辞官回到天津。光绪三十年（1904），任直隶学校司督办。光绪三十一年（1905）应袁世凯之招，出任学部侍郎。宣统元年（1909），清廷诏袁世凯"养疴"，严修上疏反对，再次夺职归里。严修在天津，倾力文教事业，两次东渡扶桑考察学务，与张伯苓创办南开系列学校，允为近代中国私学之旗帜。晚年以国学日湮，倡建城南诗社和崇化学会，为延续传统文化，耗尽最后的心力。

严修是教育领域的实干家，藏书致用是其核心文献思想。他从不把图籍视作私财，藏书生涯与捐书生涯相伴而行，贯穿于其教育事业始终。

据陈涌洛《蟬香馆别记》载：严修督学贵州，尝示谕劝学，言辞剀切，申以五事：一劝经书成诵，二劝读宋儒书，三劝读《史记》、《汉书》及《文选》，四劝行日记法，五劝戒食洋药。除了最后一点，都跟读书有关。严修并非空洞说教，而是以捐书之实，来收劝学之效。《严范孙先生年谱稿》云："公出京时，轻装简从，惟携书较多，据笔记载共十四大箱，九流四部，应有俱备。既之任，知黔地僻远，士子得书不易，因出所携大部，置诸学舍。"严修捐贵州学舍之书，总计有65种，他编有简目并附注语，以裨于初学。严修还督刻《輶轩语》《书目答问》《先正读书诀》等，引导读书治学之门径。光绪二十三年（1897），严修任满离黔，当地树去思碑与誓学碑，颂严修"经师兼为人师"，并称"二百年无此文宗"。

严修任学部侍郎时，因尚书荣庆寡于视事，直接擘画了多项与图书事业相关的工作。如设立图书局，延王国维、汪荣宝编辑教科书和参考书；成立名词馆，聘严复为总纂，编定各学科中外名词表；成立京师图书馆，奏请将包括文津阁《四库全书》在内的避暑山庄藏籍，内阁的宋元旧刻，翰林院的《永乐大典》，无论完缺破碎，一并交图书馆管理，并饬拨净业湖、汇通祠之地兴工建馆，奠定了国家图书馆的初基。他还建议教育家陈宝泉，筹设教员俱乐部，设小型博物馆、图书馆等，并亲拟小学教员应读书目。

光绪三十一年（1905），直隶工艺总局总办周学熙，在玉皇阁创立天津教育品陈列馆，设图书室供众阅览。严修为图书室捐书1342种，目录附于教育品分级编目之后。

光绪三十三年（1907），鉴于"津埠为南北交通人文荟萃之区，民众约百万余户，急应设立图书馆以饷学者"，直隶提学使卢靖拟建直隶图书馆，当即委张秀儒、储毓轩进行筹备，以教育品陈列馆和直隶总督署藏书为基础，光绪三十四年（1908）五月正式开放，馆址设河北公园（今中山公园）学务公所内。严修这次为图书馆捐书1200余部，计5万余卷。在其带动下，两江总督端方、两广总督张鸣岐、东三省总督徐世昌、云贵总督锡良、浙江巡抚增韫、山东巡抚袁树勋、吉林巡抚陈昭常等，也都捐献了图书。其后傅增湘任直隶提学使，又筹资购书12万余卷，直隶图书馆藏书遂洋洋大观。1913年，谭新嘉、韩梯云编《天津直隶图书馆书目》，注有"严捐"字样者即严修藏书。《严范孙先生丛脞》抄本中，有黄宣写就的书目十余纸，部类及排序全同直隶书目，知乃后来自直隶书目抄撮出来者，并非原始的捐赠目录。该目收录严氏藏书经部158种、史部213种、子部179种、集部150种、丛书61种，已不足原捐总数的三分之二。在这761种藏书中，乾隆以前版本约73种，今可归入善本之列。

光绪末两次大规模捐赠之后，蟫香馆藏书主体应已散去。然而民国建元，严修仍旧陆续捐书。1918年，直隶图书馆改称直隶省立第一图书馆。1920年4月3日和7日，《大公报》两次刊出该馆"鸣谢"，记1918年11月至1919年12月之间，严修两次赠书：先捐《欧战之目的及和局之基础》1部、《新元史》1部，计59册；又捐《博野尹太夫人年谱》1册、《山东通志》1部、《中国历代法制考》1部、《京师图书馆善本简明目录》1部、《湖南黄右昌先生民法第五编继承》1册、《浙江公立图书馆四五两年年报》2册、《浙江公立图书馆附设印行所书目》2册、《修正浙江省立图书馆详细规则》1册、《万象一原演式》1册。1915年，徐世昌感于文献湮灭倡议修志。1916年天津修志局运作，高凌雯负责图籍采访事宜，严修又出藏书供修志之用。1919年10月南开大学成立，学校图书馆草创，严修捐汉文书籍30余种，另赠2000美金购置文理两科参考书。同年12月18日，以《新元史》两部赠南开大学和南开中学。1924年10月，以《二十四史》《九通》等数十种图书计1万卷，捐南开大学图书馆。1927年，严修倡建崇化学会，被推为首席董事，又捐出部分国学图书供学员研读。

1935年12月12日，《大公报》第9版"图书副刊"发布严修《蟫香馆使黔日记》出版讯息，对严修捐书懿行捎带进行了评价："严范孙先生道德文章，久为世所钦仰，清季以来，提倡教育，培植人才，数十年如一日，曩时观书津门河北省立图书馆，见所藏书大部分为严氏捐赠，知其急公好义有足多也。"严修的藏书和捐书，还影响到他的族弟严侗（字台孙）。学者王謇在《续补藏书纪事诗》中咏严修、严侗藏书云："文献通考严范孙，析津志乘严台孙。元方季方难兄弟，媲美沙河马氏园。"严侗藏书偏重天津文献，故诗中有"析津志乘"云云。此处之析津乃是天津的别称。严侗藏书后来也捐至南开大学图书馆，抗战时随馆同毁。

严修的书斋蟫香馆，命名似乎无甚深意，无非以蠹鱼自喻，鞭策勤奋读书。学者总结蟫香馆藏书有两大特点：一是重实用，二是品类全。其实两者乃一回事，藏书致用必然广搜博涉。严修藏书宋椠元刊极少，所庋多非珍本秘籍，但都是精选的通行本，这与梁启超饮冰室藏书类似。除了传统的经史子集四部，严修藏书旁及各类西学文献和汉译名著，堪称"百科全书式的藏书家"。藏书印有"蟫香"白文长方小印，钤在书签下端；又"蟫香馆藏书"朱文长方印，钤在封面和卷端处。

严修藏书除承自先辈，更多源自其不断搜求。高彤皆尝云"严书日以加高"，可见累积之速。在严修日记中，访书买书记录在所多有。宣统二年（1910）二月十五日，严修乘南游间隙，曾到著名的宁波天一阁观书，得见《礼记郑注》《礼部韵略》及历代帝王、名臣、名儒画像数十帧。严修大量购书和捐书，也造成了生活的拮据。严仁赓在《祖父严修旧事数则》中回忆说："他每月从账房领取区区数十元的生活费，不足他购买书籍和文房四宝之需，还要靠给人书写对联，每副收润笔二元补足之。"严老夫子竟也卖字买书，但他却乐此不疲。

　　严修受父亲克宽影响，一生博览群籍。无论是从政余暇，还是旅途行次，他都手不释卷。1892年日记中，记有他教育次子严智怡的话："吾有三课：枕课、辫课、车课，各以一书为程。积日累月，所得甚多。"严修还说："教之道，莫妙于使多读书，则藏书之策最善也。"

　　严修的藏书、读书生活，严仁赓记述最详："祖父津寓书斋设在正门内二进西偏院，名曰'枣香书画室'，以院中植有枣树二株得名。室内东壁置书柜，其旁陈设文房四宝，包括一些古砚、名墨。长屉内珍藏一些名家字画。西壁窗旁悬一挂钟，钟旁悬一木刻楹联，上联曰'小鸟枝头亦朋友'，下联曰'落花水面皆文章'。窗前设书案，案头置台灯供夜读。"枣香室后有个小门，直通严修的藏书楼——旧罩棚大厅，曾用作严氏蒙养园课堂，"大厅上额悬横匾曰'十万卷楼'。书籍按经、史、子、集分类陈列于排排书架之上，泰半为几代人积累购置。祖父回津后，除增购线状旧籍外，旁及汉译外国名著和科技图书，以及如梁启超著《饮冰室文集》等当代名人著作，并订阅《国闻周报》。"根据严仁赓回忆，可知严修藏书处名"十万卷楼"，所谓蟫香馆亦是书斋。

严修藏书格局并非一成不变,其间经过多次调整。严仁赓说:"二十年代初,'锁式楼'(一楼一窖)建成,祖父移到新居。楼之西半部分辟祖父和祖母卧室,向阳一间为祖父书房。右半部为饭厅,连接客厅。此时,'旧罩棚'存书又移至'新罩棚'和槐厅。1923年严氏女学停办,大部书籍又移至近在咫尺的原女中楼上下教室,取阅更便。"

严修的最大娱乐是与友朋酬唱。城南诗社的文人宴集,有时就在蟫香馆举行。诗人杨懿年在《壬戌四月十八日范孙先生招饮蟫香馆拈韵得水字》诗中,就描述了这样的雅集场景:"夏木阴阴风日美,蚕豆鲥鱼纷上市。流光恰接樱笋厨,招邀宾客娱文史。蟫香馆主性冲澹,厚糈高官等敝屣。坐拥书城卷十万,群推坛坫执牛耳。"严修尤其雅好诗钟,今存《蟫香馆诗钟》一册。随手从中拈出几联,也是处处离不开书,如"雪案细书干禄字,寒窗闲著菜根谭""诗书发冢庄周语,钟鼓爰居庾信文""君陈酒诰周书目,里仁先进鲁论篇""论文酷爱濂亭集,考史闲翻百药书"等。

1928年12月底,应天津警备司令傅作义之邀,严修带病出席天津至杨村公路竣工仪式。其间小受风寒,归家即卧床不起。1929年3月2日，严修病体略有起色，他邀集好友华世奎、赵元礼、林墨青、陈宝泉等相见，泼墨挥毫作诗自挽："小时无意逢詹尹，断我天年可七旬。向道青春难便老，谁知白发急催人。几番失马翻侥幸，廿载悬车得隐沦。从此长辞复何恨？九泉相待几交亲。"

1929年3月14日23时，严修在料峭春寒中辞世。社会各界不吝辞藻，对其评价极高。传张季鸾所作《大公报》社论《悼严范孙先生》誉之曰"旧世纪一代完人"，老搭档张伯苓许之云"今之圣人"，学生周恩来则称之为"封建社会的一个好人"。

1949年新中国成立，严修留下的图书尚有2000余册。20世纪60年代初，由严修的孙辈14人联名，将这些图书连同其全部手稿，捐赠给天津市人民图书馆（今天津图书馆）。这些手稿包括长达50年的日记，还有《严范孙先生自定年谱》《严范孙先生丛脞》《严范孙杂著》《严范孙先生手札》《严范孙先生信草》《严范孙先生函稿》《严氏家信原稿》《严氏家书》《严修自撰联语》《说文类钞》《孙子家语校勘记》《杂录》《寿诗挽联底稿》等。

历史的遇合匪夷所思，藏书的命运讵非人料。严修蟫

拆除前的严修旧居局部

香馆所收，除了捐给贵州学舍和南开学校者散损，捐给教育品陈列馆、直隶图书馆及崇化学会的图书，几经辗转都归入今天津图书馆，这对一位终生以"致用"为职志的藏书者来说，应该算是最大的幸运。

严修故居位于天津老城西北角，门牌为严翰林胡同10号和12号。旧址现为天津市红桥区税务局芥园道办公区（今芥园道8号）。临近其地的大丰路鹏欣水游城，今设有关于严修的纪念物。《天津房地产志》对拆前之故居有较详描述，其中谈到藏书楼和书斋："主院正房是一座高大房屋，台基很高，外有走廊环绕，下有地窨子，东西两旁均是藏书楼，院内有假山、柿树和玻璃厅一座（会客厅）。厅南是书斋和花园，种有枣树和花草，故书斋取名'枣香室'。"

严修著述甚夥，然生前所刊仅有《严氏两世事略》（1915年），为其追述先辈创业艰辛、行善积德、家教庭训而作。1929年去世后，诗人陈诵洛辑印有《严范孙先生古近体诗存稿》《蟫香馆诗钟》《严范孙先生遗墨》，严智怡辑印有《景印蟫香馆手札》和《蟫香馆使黔日记》。而藏于天津图书馆的手稿，沉寂半个世纪之后，以《严修手稿》的名义，2012年由天津古籍出版社印行，化身千百，泽润后学。

2021年3月11日于饱蠹斋

渠氏家族藏书在天津

　　天津富庶之家，有藏书者恒多，然能父子相继，且以藏书家著称者，则非渠本翘、渠晋鹤父子莫属。

　　渠氏一世祖名渠济，原籍上党之长子。元末明初战乱，渠济次子、五子迁祁县城内。九世祖渠士重始营商业，至清代同光间"源"字辈，产业除了票号，旁及茶庄、盐店、钱铺、药材、绸缎等，商号分支遍及南北，成为晋商八大家之一。

　　渠本翘（1862—1919），原名本桥，字楚南，清同治元年（1862）生。父名源浈，经营三晋源票号和长裕川茶庄，盛时年营业额达白银七八百万两，因其小名旺儿，乡人谓

渠本翘

之"旺财主"。渠本翘天生近视，不为父亲所喜，长年寄居外祖父乔朗山家。他天资聪颖，勤奋好学，光绪十一年（1885）中秀才，十四年（1888）中解元，十八年（1892）中进士，授内阁中书。渠本翘的进士同年，后来出了不少名人，如张元济、汪康年、吴士鉴、叶德辉等。

光绪二十六年（1900）庚子事变，渠本翘追随光绪、慈禧到西安；二十八年（1902），与祁县乔殿森合资，接手官办晋升火柴局，改名双福火柴公司，成为山西最早的民族工业；二十九年（1903），以外务部司员任驻日本横滨领事；三十年（1904），清廷废科举兴学堂，乃因昭馀书院旧址创办祁县中学堂；三十一年（1905），山西商民为收回卖给英商福公司的阳泉、潞安等煤矿开采权，掀起声势浩大的保矿运动。渠本翘为之积极奔走，协助晋省当局与福公司达成协议，筹借白银200万两赎回矿权，在阳泉成立保晋矿务有限公司，出任第一任总理。宣统二年（1910），被任命为典礼院直学士，自此人称"渠学士"。1911年辛亥革命时，授山西宣慰使，然坚辞未就。随后南北议和，为北方代表唐绍仪随员。1914年，袁世凯以其为参政院参政，渠本翘称病以谢。舅父乔尚谦看到《广益录》上的渠氏"谢病书"，有感而发成七律曰："医国原从医病来，孤鳌恤纬有同哀。一腔恻隐悲生事，满目疮痍问劫灰。穴认膏肓藏二竖，治须和缓悟灵台。司空坠笏参微意，莫漫宣公奏议猜。"由此可觇舅甥二人对现实的清醒。

民国建元，渠本翘退居天津，寄寓铁良宅邸。这是一处二层楼房，院子很大且有围廊，后来成为天申中学。1915年前后，渠本翘在英租界马厂道建楼房，即其藏书楼韬光楼。他在天津除关照生意，精力都用在收藏古籍字画，整理乡邦文献，友朋诗酒唱和方面。

渠氏藏书始于乾隆年间。书法家张思叡为其藏书楼写有对联："此地有崇山峻岭，茂林修竹；是能读三坟五典，八索九丘。"对藏书之丰极尽赞美。光绪三十一年（1905），祁县士绅创办中学堂，渠本翘出任董事长兼总办，向学堂图书馆捐献了数量不菲的古籍。今祁县中学图书馆仍藏旧籍万余册，在全国中学里独树一帜。所藏珍本包括明汲古阁本《十三经注疏》、北监本《二十一史》、清内府五色套印本《古文渊鉴》等。20世纪80年代，古籍版本学家冀淑英、丁瑜等参观后认为："同类图书馆，南方没有，北方少有。"渠本翘广收珍版古书与名家字画，为此还与亲家翁斌孙一起，投股北京琉璃厂虹光阁，聘请杜华亭为掌柜，收售古籍、书画和文玩。

渠本翘对祁县地方文献念兹在兹。1915年，他刊印祁县学者刘奋熙《爱薇堂遗集》，不仅亲自作有书序，还写下《刘公振翼事略》。1916年，又应榆次常赞春之请，助资石印戴廷栻《半可集备存》并序之。渠本翘还拟刊印祁县诗人李芬《梦华轩诗稿》，仿蒋宝龄《墨林今话》例品题自藏字画，新编祁县地方志书等，并为此做了大量资料准备，可惜均未及卒业。

1917年，渠本翘与朱经田发起组织消寒会，不定期作诗酒唱酬。成员有章钰、乔亦香、张允言、凌福彭、吴嵚、吴尉、吴幽、张幼安、谢受之、谢崇基、华世奎、乔映霞、张贞子等，多为旅寓天津的文化名家。渠本翘的书法亦佳。山西晋祠圣母殿前廊，有"永锡难老"篆书匾额，就是渠氏所书。此匾为弧形阴字，贴金技艺高超，反射入眼时凸时凹，人称"活字匾"。

1919年5月9日（四月初十日），渠本翘赴明湖春友人之宴，忽觉头痛甚，右耳响甚，大汗不语，遽而长逝。关于渠氏之死，因为事发突然，曾传是被袁克定毒死。今《翁斌孙日记》出版，对其去世所记甚悉，袁氏下毒之说可以休矣。至于真正的死因，则有学者推测是喝了假酒。

1919年6月16日，上海《申报》刊登《渠本翘讣闻》。在天津的山西人，用近乎国礼的规格，送别了渠本翘。乔尚谦撰《渠君楚南暨元配赵夫人合葬墓志铭》，认为他本是风雅之人，又是忠义之士："君忠于国，君孝于家。觚棱怅望，魂梦萦纡。樵隐麓台，二老是娱。"翻译家林纾撰《祁县渠公墓表》，盛赞渠本翘云："少有检格，于文史多所该涉……既遭国变，无聊不平，一寓之于酒，想其酒酣耳热，西望崇陵，血泪填满胸臆矣。"

渠本翘旧居原貌

渠本翘的韬光楼旧属马厂道，位置在今浙江路25号，由比利时建筑师设计，是局部三层的西式楼房。这里也是渠氏及子女居所。1976年唐山地震后，增建为三层民宅，原有外廊被封闭，但建筑结构未拆改，内部装饰和外观局部，尚依稀可见旧貌。楼外原来是花园式庭院，旧维多利亚餐厅（今起士林大楼）位置，本是渠家的院子。渠本翘著述未见刊印，手稿也大多散失，仅能从会试朱卷、报章杂志及文献序跋中见到吉光片羽。渠本翘一生主要从事政治、经济活动，林纾所撰墓表云"公所藏书画至富"，虽然数量甚夥，但具体记载阙如，已经难以整体评估。其《半可集备存》序言末尾，署有"丙辰九秋同里后学渠本翘识于七十二沽之韬光楼"字样，为其藏书生涯留下了鲜见的文字印迹。

渠本翘征题《麓台招隐图》，是其生前未完成的重要文化活动。1913年1月，他请人绘制此图，意在"天下无道则隐"，可见时已厌倦官场，这才有了翌年给袁世凯的"谢病书"。关于这幅画的作者，乔尚谦所撰墓铭已记为林纾，其实是误读了林氏《祁县渠公墓表》。林纾所云"得渠公楚南书，嘱余写'麓台招隐图'"，此处所谓的"写"，是指题"麓台招隐图"五字，并非绘制的意思。那此图是谁所作呢？章钰《四当斋集》卷十一《麓台招隐图题句》一诗的小序，透漏了绘者的信息："祁县渠楚南介予乞鹤逸作《麓台招隐图》长卷，特留后幅，待予题记，未及报而楚南逝矣。浊醪谁造，俄空彭泽之弦歌；故物犹存，弥重遗山之簿录。悲回惜往，伤如之何！庚申四月。"这段文字说明，绘图的人是顾鹤逸，但渠与顾并不熟悉，是通过章钰才求得的。此图完成之后，渠氏广请友人题诗作跋，但一直给章钰预留着地方。此图转交章钰题写时，估计是在渠氏逝前不久，而章钰题诗已是1920年，此时渠本翘已归道山，故诗中多有悼亡之感伤："不堪招隐换招魂，尚借云山数梦痕。顾我诗篇难急就，教人酒座怕重温。百年浩劫归天地，一卷清风付子孙。诺责到今偿纸尾，麓台画旨向谁论。"作《麓台招隐图》的顾麟士（1865—1930），字鹤逸，别署鹤庐、筠邻等。江苏元和（今苏州）人。晚清民国画家和收藏家，所藏书画质高量多，均著录于其《过云楼书画记》中。

为《麓台招隐图》题咏者还有乔尚谦，其《息影园诗存》有《麓台招隐图为楚南题》古风一首，缕述渠氏履历和舅甥情谊的同时，对麓台山的奇美风光也进行了描摹。又1918年7月17日《翁斌孙日记》有云："傍晚渠楚南来，以《麓台招隐图》属题。"翁氏所题于今未见。直到1927年，长子渠晋鉝还在赓续渠本翘未尽之事，向父亲的同年张元济索诗。张诗作于这年8月18日，云："依依丛桂思淮南，故人一去不可攀。已从天上归太隐，人间惆怅留小山。梦华忽忆东京事，未谓少年不得志。无何君自翔木天，我却回帆临海市。形神离合二十年，频看海水扬桑田。贞元朝士悉零落，几家先德传后贤？翘然喜见年家子，能守遗经重廉耻。凿楹犹复纳故书，诵芬忾墓稽图史。乌乎！故人一去不可攀，此图乍出风尘间。即令何地更可隐，唯有山中白云堪往还。"诗末附有识语："铁衣世兄寄示其尊人渠楚南学士同年所遗《麓台招隐图》，言念故人墓木已拱，怆怀往事，几阅沧桑。今展斯图，益深慨慕，聊题数语，用志人琴之感而已。"渠晋鉝字铁衣，故蔡氏有"铁衣世兄"云云。此诗写在散纸上，稿末另有张元济小字自注，言渠氏"次子梦翔，好收古书"，这位梦翔就是渠晋鹤。他发扬了渠本翘聚书雅好，最后以藏书家身份留名于世。

渠晋鹤

渠晋鹤（1895—1970），字梦翔，号拙斋。生于光绪二十一年（1895）十一月初五。他早年就读私塾，11岁进入天津新学书院。后考入上海圣约翰大学。乔尚谦有《春日送铁衣梦翔赴学申江口占》诗，可知他与兄长同时在沪读书。再后入美国哥伦比亚大学经济科学习，1922年获经济学硕士学位归国，长期赋闲家居。天津档案馆所藏1937年前后的《金城银行股东名册》，记有渠梦翔的名字，其时他家住天津英租界33号路103号，以敦厚堂、敦信堂、敦睦堂、敦德堂、敦本堂、敦裕堂等名义，持有金城银行股票110股。1970年11月6日，渠晋鹤在天津病逝。

渠晋鹤受父亲影响，究心于版本目录之学。渠本翘去世后，他继续广为搜罗，藏书增加很快。渠晋鹤酷嗜明版书，但藏品情况不甚明了。据《皮子文薮》周叔弢题识，1925年周遭继室许氏之丧，经济一度受窘，被迫斥卖藏书，其中售给渠晋鹤的为多，包括明正德袁氏刻本《皮子文薮》十卷，"当时匆促，未及钤印，只题卷尾，以志珍惜之意而已"。1942年，周叔弢到渠晋鹤处观书，"忽见此本，如睹故人，遂以重值赎之"，他还记下了当时的心情："剑合珠还，良足快意，且可与成化本《甫里先生文集》并储也。"周叔弢先把《皮子文薮》卖给渠晋鹤，后来又花重金购回。渠晋鹤所藏佳本，从各种目录中亦可略窥鳞爪。如河北大学图书馆藏明嘉靖何孟伦刻本《辛稼轩词》、北京师范大学图书馆藏清康熙符山堂刻本《音学五书》，均钤有"渠梦翔秘笈珍藏之印"。又2020年7月在华盛顿举行美国拍卖周现身的道光本《六朝文絜》钤有"祁县渠晋鹤字梦翔珍存善本"之印。王德恒、肖朝宾撰《天津私家藏书刻书人物志稿》，还记渠氏所藏图籍钤有印章"昭裕泰士藏书"，我们颇疑应是"昭馀素士藏书"。昭馀乃是祁县古称，素士允为布衣之意，与其一生未参加工作相合，而"昭裕泰士"则难以索解。此外，渠氏一些藏书上还钤有"渠晋鹤"名章。

渠晋鹤受过西洋文化熏陶，所存亦多外文典籍，如插架常备的《大英百科全书》等。其中有些西文旧书，即在国外也不常见。他收存的名人字画，则有清王石谷《兰鹤图》等。

渠氏在津藏书，据载不下20万卷。1937年家道中落，渠晋鉎、渠晋鹤、渠晋觃三兄弟析产。渠晋鹤所得藏书虽非全部，但也颇具规模。此后迫于生计，他将藏书陆续散出，其中殿版《二十四史》仅售得3000元。《王子霖古籍版本学文集》，录有1940年渠晋鹤信函一通，商讨售卖《蔡中郎集》等事宜。渠晋鹤与天津文运堂主人王朋九熟识，故其藏书或入或出，多由王氏做中介。至"文革"前夕，其所存古籍尚有近万册。未久，其书被运至造纸厂回炉，仅少部分辗转归入图书馆。

1938年，渠氏兄弟卖掉马厂道住宅，各自租房以居。渠晋鉎住今大理道10号，后迁今大理道7号1门（时为芳斌里4号）。渠晋鹤住今大理道33号，正对着民园体育场。渠晋觃住今澳门路6号（时为庆云里1号）。

今大理道33号渠晋鹤旧居

今大理道33号也是渠晋鹤的藏书楼，与35号为双拼式别墅，建于20世纪20年代，房主是实业家訾玉甫。该楼主体三层，局部四层，外观呈"品"字形，另带有半地下室。硫缸砖清水墙，红瓦坡顶，外檐饰有抹灰横条。门前为高台阶，雨厦上方承以阳台。渠晋鹤的夫人，乃大清银行监督张允言次女。渠晋鹤曾新建楼一幢，作为给夫人的礼物，门牌为今大理道105号。此楼由建筑师阎子亨设计，正立面和出入口很是低调。楼虽然建好了，可是渠晋鹤深嗜足球，不肯搬离体育场宅子，新楼于是成了出租房。

2021年3月19日于负晴轩

胡宗楙与梦选楼

讲述胡宗楙及天津梦选楼藏书，就无法绕过其父胡凤丹。胡氏父子因刻《金华丛书》《续金华丛书》，时常被文化史家提及，但关注度却远远不够。父子接力刊印乡邦文献，不但允称书林佳话，而且行迹近乎悲壮。

胡氏籍贯是浙江永康，其地隶属金华府，所居溪岸村距县城三十里。胡氏始祖名邦直，北宋建炎二年（1128）进士，官至象州知府。邦直九世孙胡仪迁居溪岸，清芬世守，衍为望族。胡宗楙六世祖霞岑、五世祖临川、曾祖父南枝，均折节读书而屡试不售。其祖父一辈，虽仍科场蹭蹬，然始留意藏书。伯祖胡仁模，建有书屋五间，遗书不下数千

胡宗楙

卷；祖父胡仁楷夜不释卷，捐建培文书院；叔祖胡仁柳亦喜读书，举步不逾礼法。迨至胡宗楙之父凤丹，胡氏始称藏书之家。

胡凤丹（1823—1890），字齐飞，初号枫江，后改月樵，别属清溪岸人、萍浮散人、归田老人、桃溪渔隐等。他肄业于杭州诂经精舍，十赴秋闱而未第。清咸丰五年（1855），至京捐纳为光禄寺署正，因谙熟实务且办事干练，声名达于内廷，授以兵部员外郎。咸丰十年（1860），英法联军侵占北京，以忠于职守得有司赏识，保举知府并荐膺道员候补。同治二年（1863），丁母忧回永康原籍。同治五年（1866），游历数省后抵湖北武昌，受巡抚曾国荃之委总理厘局。同治六年（1867），受湖广总督李瀚章之委为崇文书局督校。他以振兴文教为己任，刊行十三经、廿四史、百子全书及鄂局丛书凡270种，因校勘严谨质量佳善，得到曾国荃、张之洞的褒奖。光绪元年（1875）擢湖北督粮道。光绪三年（1877），愤于官场倾轧挂冠而去。

在湖北任事期间，胡凤丹鉴于故乡人文萃聚，着意搜求金华先哲遗书。同治七年（1868）至光绪三年（1877），他对所得文献精心校订，以书房退补斋名义，陆续刊刻为《金华丛书》。所谓"退补"，乃取《左传》所记荀林父"进思尽忠，退思补过"之意。为了编纂丛书方便，他参照《四库全书总目提要》，汇辑乡贤著作165种，撰成《金华文萃书目提要》8卷。《金华丛书》开地域性丛书编纂先河，对后世影响巨大。藏书家傅增湘认为："嗣是杭州则有丁氏《武林往哲遗著》《掌故丛编》，嘉兴则有孙氏《槜李遗书》，湖州则有《陆氏丛书》，绍兴则有徐氏《先正遗书》，温州则有孙氏《永嘉遗书》，江宁则有傅氏《金陵丛刻》，常州则有盛氏《先哲遗书》，皆踵金华而起。"1935年，张元济主持商务印书馆汇印《丛书集成初编》，《金华丛书》名列其中。

胡凤丹致仕之后，先是卜居杭州，借抄文澜阁藏书，继续搜集金华文献。光绪五年（1879），金华锄经堂宅院落成，其间筑十万卷楼以储藏书。藏书印有"臣印凤丹""曰凤曰樵""十万卷楼藏书""退补斋珍藏书画印"等。胡凤丹还编有《退补斋藏书志》40卷，详录十万卷楼所庋，可惜大都失传。今浙江图书馆有吴乃应编《退补斋书目》抄本四卷，著录图书仅600余种，可窥其藏书一斑。

光绪十六年（1890），胡凤丹在金华去世。胡氏之死富有戏剧性，既让人叹惋，也让人感动。胡宗楙《甲戌自述》记云："庚寅失怙，弥留之顷，跽请欲言，以手指箧上遗书者再，泣血受命。"临死之际，胡凤丹放心不下的，竟是盈案的书稿。

"泣血受命"的胡宗楙（1867—1939），乃是胡凤丹第四子。他同治六年（1867）生于武昌，幼随名儒钱季芗习举业。光绪十九年（1893）中副元，任奉化县教谕。光绪二十年（1894），胡氏兄弟分家。《甲戌自述》记曰："甲午析居，家道中落，鬻产以偿，不足则议散群书……仅留乡先哲典籍，余供书贾捆载以去。怏怏累日，愤而出游。"胡宗懋本拟独力承担债务而保留藏书，但意见未被采纳，乃"自誓得志首刊先哲遗著，次即恢复藏书"。光绪二十一年（1895），在胡宗楙全力谋划下，耗费胡凤丹大量心血的《金华丛书》全部出版，包括经部15种、史部11种、子部13种、集部28种，总计67种340册。

光绪二十九年（1903）胡宗楙中举，以知县分发江苏。光绪三十四年（1908），他旅进旅退后厌倦官场，应上海阜丰公司孙多森之请，走上实业救国道路。这年胡宗楙北上天津，随孙多森襄办北洋实业，出任直隶全省工艺总局提调、北洋滦州官矿公司经理、直隶劝业道署总务科科长兼矿务、邮传两科科长等，以实绩突出擢直隶州知州，补缺后以知府用。1912年中华民国成立，孙多森出任中国银行总裁，胡宗楙为秘书长。1914年起任天津、河南中国银行行长等，获授北洋政府嘉禾奖章。1919年孙多森去世，胡宗楙辞职居津。

无论藏书、校书，还是刊书、著书，胡宗楙均深受父亲影响。其《金华经籍志序》云："凤承庭训，兼以连年浪游吴楚齐燕，胼胝所得，辄以易书。"长居天津之后，胡宗楙有了更多时间，来完成"刊先哲遗著"的心愿。他为了编《续金华丛书》，四处搜访秘本遗籍。《甲戌自述》记录了其中甘苦："悉心搜采，如郑刚中《周易窥余》诸书，簿录家所罕见，惟京师图书馆四库本有之，馆章迻录必先购券，以重金为质。时间又有制限，自寓所至城北往返二十余里。有时风雪出门，裹干粮往，或忍饥竟日，无如何也。"为抄录一部罕见之书，他不但要付出重金和时间，甚至到了忍饥挨饿的地步。1924年，胡宗楙辑校的《续金华丛书》以梦选楼名义刊行，包括经部5种、史部7种、子部13种、集部35种，共60种388卷。在《胡氏续金华丛书序》中，傅增湘赞誉有加："搜眷之富，校雠之精，匪特继承先志，而于文事凋敝之余，补缀缺遗，网罗邦献，其诣力殆百倍前人。"胡宗楙还整理《金华丛书》板片补刻完整，与《续金华丛书》板片一起捐给浙江图书馆。1925年，胡宗楙刊行所撰《金华经籍志》，卷首有严修、傅增湘序及其自序。全书正编24卷，外编、存疑、辨误各1卷，总计收书1396种，远超胡凤丹《金华文萃书目提要》165种的规模。此书解题仿孙诒让《温州经籍志》、朱彝尊《经义考》等而折中之，是一部体例完善、影响深远的地方经籍目录。

1928年，胡宗楙又完成"恢复藏书"的心愿。他在天津英租界推广界购地新建颐园。其《颐园记》释命名之义云："主人琴一张，酒一壶，左执简，右操觚，翛然自适，其乐只且。因以颐园署吾门焉。"颐园位于当时的墙子河畔，"河以南沮洳弥望，长林丰草之所丛集"，可见英租界推广界开发未久，还是一派荒野风光。颐园占地一亩有半，入门有堂三楹，除了起居室，盥洗室、餐厅、厨房及家塾、书房、宗祠皆备。新园落成之际，胡宗楙作诗纪之云："门无车马喧，庭可一塵广。檐牙冒薜萝，廊腰萦筱簜。灌丛纷蔽亏，流淙轻送响。软红尘不侵，湿翠痕欲荡。栏纡成卍字，桥小不盈丈。一泓发可鉴，孤亭面相向。潜麟煦微沫，幽禽弄清吭。堂阴驻履綦，石洼庋樽盎。晓凤铿素轸，夕月翳虚晃。果蓏供甘旨，烟霞恣俯仰。宁能专一壑，得此搜万象。风土虽云异，林泉足自赏。最乐春晖永，以此当皋壤。"此诗描绘颐园景色的同时，也抒发了林泉自赏的旷达。

颐园内辟建有独立的藏书楼。《颐园记》云："四周重阿，缭以长廊。廊尽有亭翼然，左右修竹，如入箦筜谷中。前浚深池，一泓可鉴。桥仄容趾，阤高及肩。折而南行，有小轩曰'琅嬛胜处'。牙签锦轴以卷计者十有六万。过此则花坞峙其前，如屏蔽然。"这里所谓的小轩琅嬛胜处，就是胡宗楙的藏书楼。此楼似乎是后来补建的，有其诗《屋角新筑小楼赋此志胜》可为佐证。诗云："鞅掌非吾意，经营在一丘。拓廊容月入，登阁当山游。篱罅槿阴补，窗棱荷气收。琅嬛饶胜处，尘世复何求。"诗题既云"新筑"，可知其建成晚于居所。胡宗楙藏书有16万卷，比胡凤丹还多出6万卷。1932年2月5日，他庄重地把图书供于几案，虔诚地向父亲还愿。《甲戌自述》描述了这个场景："乃壹意搜储典籍，先后所得不下十六万卷。改筑颐园于墙子河，构精舍五楹，甲乙四部充韧其中。别辟一椽专庋乡邦文献，藏版附焉。辛未除夕，陈书于几，告慰先大夫在天之灵，两大志愿竟以克偿。"

胡宗楙藏书楼有"精舍五楹"，规模上超出居所"堂三楹"，可见其对藏书的重视。根据文献记载，他的藏书处有"琅嬛胜处""梦选楼""颐园"等，三者其实是有区别的：颐园是胡氏的私人园林，琅嬛胜处是园中的藏书楼，梦选楼则是居所内的书斋，虽然有"楼"之名而且也藏书，但它并非独立的藏书场所。因与书斋朝夕相伴，故胡宗楙的个人著述，多有以梦选楼命名者。颐园的所在地，即今五大道南海路的永健里，以胡氏籍贯永康，故曾称永康里。1982年因重名，改为永健里。建筑为砖木结构楼房，清水砖墙，欧式风格，多坡瓦顶。著名作家梁斌，1949年后住在永健里7号。

完成两大心愿的胡宗楙，过起真正的归隐生活。其《咏颐园》诗云："随地咸宜隐，入山安用深。门罕杂宾至，人耽梁甫吟。鱼鸟自亲切，虬龙何郁森。武陵原寓意，乐土即桃林。"不过他的归隐并非遁世，虽入晚境仍昕夕校书。其《自题颐园校经图》记录生活曰："百城坐拥未为贫，左图右史罗典坟。仓颉造字探根原，更从籀史证异闻。一字创获若奇珍，千言聚讼滋纷纭。亡者补之搜讨勤，疑者阙之无逡巡。自朝至午穷翻帑，倦极时或一欠伸。"拥书城的富足，校舛讹的兴奋，伸懒腰的惬意，此时都统一到胡宗楙身上。

1931年以后，日本觊觎华北。国事蜩螗之际，胡宗楙笔下并非只有安稳的书桌。其《书愤》诗云："阽危国势竟如斯，卧榻鼾闻事可知。栋折那堪荷作柱，釜煎何致豆燃萁。拚供刀俎将焉避，竭尽帑藏空尔为。亿兆人民原祸

今南海路永健里1号胡宗楙藏书楼琅嬛胜处

始，谁纤至计定安危。"对外敌的入侵和内斗的不止，都表达了书生的义愤。胡宗楙作为藏书家和诗人，在天津有许多同样身份的朋友，如严修、徐宗浩、卢弼、金钺等。

1939年，胡宗楙病逝于天津寓所。他身后留下的，除了编校的诸多金华文献，另有《梦选楼文钞》《梦选楼诗钞》各二卷。

胡宗楙的梦选楼藏书，据儿孙回忆去向有四：一是捐给天津崇化学会，二是捐给天津工商学院，三是捐给北京图书馆，四是"文革"中流失。胡宗楙之子胡庆昌，保存有胡宗楙自编《梦选楼藏书目》，著录书名、卷数、册数、作者、版本等，包括经部95种、史部260种、子部257种、集部508种，总计1120种珍善本图书，应是梦选楼藏书的精华。

梦选楼藏书捐给崇化学会一事发生在1948年，学会董事王斗瞻居间联络，胡宗楙之子胡庆昌经手。此前天津蔡虎臣希郑轩藏书、金致淇立斋藏书已捐给学会，胡氏捐书即受两家影响。金钺撰有《梦选楼所藏书尽赠崇化学会记》记其事："永康胡君庆昌，辄复闻风兴起，亦出其世守之楹书计近百箱，并家刻书板多种，慷慨步蔡、金两氏之盛轨。于是珠联璧合，充牣楱桷，駪駪乎将埒图书之府，庶足以餍有志之欲叩琅嬛而窥二酉者。"据曾典守学会藏书的李炳德先生回忆，胡氏所捐质量很高，以各类丛书为主，如《儒学警悟》、《百川学海》、《常州先哲遗书》、《双梅影庵丛书》及《金华丛书》、《续金华丛书》等，都是精善之本，此外还有各种藏书目录、提要题跋等。胡氏这批藏书，安顿在天津文庙明伦堂的崇化学会董事室内，梦选楼匾额也悬此以为纪念。1949年至1950年间，工作人员编写过《崇化学会藏书目录》，其中包括梦选楼藏书。1953年崇化学会停办，藏书由天津市文化局接收，拨交给天津市人民图书馆。这些书今存天津图书馆。

经手捐书的胡庆昌先生，1918年生于天津，1927年九岁即入南开中学，1937年毕业于天津工商学院。曾任开滦矿务局土木工程处工程师。1949年后主持北京民族饭店、友谊宾馆等建筑的结构工程设计，著有《钢筋混凝土房屋抗震设计》《建筑抗震设计手册》等。1994年被建设部授予"工程设计大师"称号。2010年逝于北京。

2021年3月2日于饱蠹斋

陈一甫与居敬轩

谈起近代藏书，天津允称重镇。在灿若辰星的津门藏家之中，陈一甫似乎只能担当配角。不过，提起陈一甫的大名，人们可是并不陌生，他与长子陈范有一起，长期在著名的启新洋灰公司任职并创办江南水泥厂，为中国水泥工业发展做出巨大贡献，因此被天津人雅称为"洋灰陈"。

陈一甫（1869—1948），本名惟壬，以字行，号曰恕斋居士。他祖籍安徽省石埭县（今石台县）广阳乡。清同治八年（1869）正月二十四日生。清末以父荫官于直隶，花翎三品顶戴。曾任江苏候补道，农工商部议员。他长期随周学熙襄办实业，先在北洋海防任职，后入东海关监督幕，

陈一甫

又为北洋电报学堂总稽查、开平矿务局驻沪员、北洋银圆局提调等。

提起陈一甫的藏书，就不能不谈他对实业的贡献，正是因为办实业的积累，才使他有了购置藏书的雄厚资金。而陈一甫走出的创业之路，又与他的父亲陈序宾、兄长陈惟彦密不可分。

陈序宾，名黉举。诸生。清咸丰初年，随理学名儒陈虎臣至祁门，受到曾国藩的赏识，委任其董理建昌盐厘。李鸿章组建淮军时，曾国藩以陈序宾为李的辅佐，主理粮饷后勤。李鸿章出任直隶总督，陈序宾追随来到天津。据

《清史稿》记载，陈序宾为李鸿章总理军糈垂二十年，而家中"未增一椽"，深为将吏服膺，后以积劳成疾而卒。陈序宾死后，其子陈惟彦亦见重于李鸿章，先后任知府、道员，委办两淮盐务。

因为父兄政声卓著，陈一甫也逐渐为李鸿章所知。李鸿章创办海军修建船坞，需要大量的水泥，外商奇货可居索以重价。光绪十五年（1889），李鸿章创办唐山细棉土厂（即水泥厂），该厂一度被英商占有。光绪三十二年（1906），在周学熙倡议、陈一甫赞襄下始行收回。

陈一甫在天津，逐渐成为周学熙倚重的骨干。光绪三十一年（1905），他赴日本考察工商业，"昼则参观探讨，夜则详密记录，于机器制造之法，尤所深究"。光绪三十二年（1906），北洋劝业铁厂由北洋银圆局划出，陈一甫被周学熙委任为坐办，在实业界开始崭露头角。

唐山细棉土厂收回后，因原本亏折净尽，急需大量资金，陈一甫乃"募商款，增机械，制品日益精美，行销远于南洋"。光绪三十三年（1907），周学熙将细棉土厂改组为启新洋灰公司，陈一甫成为最早的三位董事之一。1912年，陈一甫出任启新洋灰公司总事务所经理，后改驻津办事处坐办。1924年，任开滦矿务管理局正主任董事。1927年任启新洋灰公司协理，1932年1月升任总经理，转年退职家居，除了参与慈善事业，主要就是藏书和读书。

陈一甫有六个子女，长子陈范有（1898—1952）最为著名。范有名汝良，1917年入北洋大学土木工程系，与陈立夫同班且同宿舍。1925年进入启新洋灰公司，在工程部任土木工程师，1933至1945年为公司协理。1933年，他受公司委派，在南京主持创建江南水泥厂。1937年南京沦陷，他和德国人拉贝等一起，救助了三万多名难民。1949年后，被推选为全国水泥工业同行业联合会主任委员。1952年在上海辞世。

陈一甫少年时，即有志于宋五子之学。他深受周学熙家族慕古崇文影响，逐渐喜欢上典籍收藏，并将自己的书斋命名为居敬轩。"居敬"一语出自《论语·雍也》，谓"居敬而行简"，意思是以恭敬自持。宋代程朱理学兴起，又倡导"居敬穷理"以提升道德修养。透过陈一甫书斋的命名，可以看出他对图书和学术的钦仰。今陕西路（原法租界狄米得城路）148号，是陈一甫早年寓所之一，居敬轩的斋号此时就已经使用了。这幢建筑分为主楼和附楼，砖木结构。主楼两层，局部三层；附楼则有四层，但高度低于主楼，为用人居所和锅炉房、厨房等附属设施。两层主楼顶部有个大晒台。1976年唐山地震后维修加固过，现在是居民大杂院。全楼最多时住过17户人家。老住户多已另买新房，因此房间基本都出租给了外地人。

陈一甫的孙子陈克宽，就出生在这幢小楼里。据陈克宽介绍，陕西路洋楼的建筑年代、陈家何时搬到这里已很难搞清楚了。但可以肯定的是，在20世纪30年代初搬到五

今陕西路148号陈一甫旧居

大道之前，其祖父陈一甫和父亲陈范有就住在这里。在这里发生的一件事，陈克宽仍记忆犹新。那是他很小的时候，有一次得了猩红热，被封闭在后面的附楼里。后来遇到一位德国医生，给打了一针，过了三天三夜，病就好了。屋子里点着洋蜡，他不小心给碰倒，引燃了被子。

1930年左右，陈一甫父子在当时英租界伦敦道购地，由陈范有亲自设计、选料、监督，建造起两座连体洋楼，建筑面积1000余平方米。两楼各有三个向外的门，中间另有门相通。楼高三层，砖木结构。当时门牌为伦敦道30号和32号。陈一甫及其次子陈伦有、三子陈达有住在30号，陈范有一家住在32号。陈一甫的居敬轩书斋，也随着这次乔迁移到这里。1949年后，陈范有因工作关系定居上海，其天津住宅售给海运部门作为宿舍。而陈一甫所居，一直由其后人使用，20世纪90年代售给房管部门。2007年，对中国水泥事业贡献卓著的陈一甫、陈范有父子的旧宅被遗憾地拆除，当时这里的门牌为成都道20号和22号。

关于陈一甫的藏书经历，我们至今所知不多。其《庚申南游小稿》，记录了1920年他南游时访书的情况。陈一甫这次见到很多善本，如北宋本《隋书》、北宋本《通典》、宋庐陵本《居士集》、宋嘉定本《东汉会要》、宋淳祐本《舆地广记》残帙、宋筠州本《苏文定集》残卷、宋汀州本《群经音辨》残卷等，他专门为这些经眼善本题了诗。如《题北宋本隋书》两首，其一云："上追迁史下新唐，密字官刊十四行。独有隋书推断种，探源天圣孰能详。"诗后小注云："前四史及晋宋书、新旧唐书，均有北宋十四行本，独《隋书》为创见。"其二云："校勘儒官各署衔，鄱阳九路未全芟。敕书记取蓝供奉，版式精严出内

拆除前的成都道20—22号陈一甫旧居

监。"诗后小注云："元九路本存天圣牒文，乃以禁中本令蓝元用赍付崇文院开雕，版式皆由内出，即此本也。"字里行间可以看出，陈一甫对古籍的识见颇为不凡。

因为藏书和工作等关系，陈一甫结识了傅增湘、周叔弢、金梁、章梫、金钺等，这些人都是著名藏书家和学问家，耳濡目染之间，自然会影响陈一甫。1932年春暮，他与傅增湘、江叔海、胡馨吾等结伴，赴陕西访书问古，傅增湘为此撰有《秦游日录》。1939年，他与金梁、章梫、金钺、丁佩瑜等俦社同人发起组织天津保婴会，地点设在英租界同德医院，收养水灾中的弃婴。

对陈一甫的藏书质量，评价素来不算太高，这其实是一种误读。因为任何人藏书都是一个渐进的过程，而陈一甫的这个过程可能相对漫长，直到晚年才达到巅峰。相传陈一甫藏书之初不精版本，常由贾人作介论册甚至论斤购置，大都是普通线装书和影印本，而且丛残不避断烂不拘。弄得陈家见有贾人登门，常常让家人先行挡驾。陈一甫曾请其长子陈范有的塾师、著名古文家赵菼撰写过一篇《居敬轩记》，收到了赵菼的文集《蒙斋文存》之中。赵菼说陈一甫"及典实业津上，乃颜所居室曰居敬轩，日危坐其中，态穆而气严"，又说他"高蹈远览，不与时事相贸迁，绍其家学于举世不为之日，克敬以裕，无须臾之离焉"，谈的主要是陈一甫读书治学，而于藏书竟未置一言，这或许也从侧面说明，陈一甫早期藏书确实质量偏低。等到退职之后，陈一甫有了更多闲暇时间，乃措意于版本目录之学，藏书质量也日益精进。近代学者王謇撰《续补藏书纪事诗》时，专门写到陈一甫的藏书："石埭龙门货殖传，买书残断价廉贪。明刊精本种盈百，换去南华宋第三。"王謇说陈一甫买书贪便宜，评价可谓尖刻。不过，王謇仍承认陈一甫所藏"明刊精本种盈百"，这批藏书主要来源于周叔弢，其购藏过程堪称作书林佳话。

1942年初，北平书估王富晋，携宋代余仁仲万卷堂刻本《礼记注》来津求售。周叔弢此前已知上海来青阁贬价求售该书，托人以沪币两万元收购，可书被王富晋先行买走。周叔弢为之怏怏不乐，自叹与书无缘。这次亲见该书"字画流美，纸墨精良"，急与王富晋成议，以津币一万元购下，约值沪币五万元。其时弢翁家用紧张，为了筹措购书款项，他急向陈一甫求助，割爱明版书109种，得款津币一万余元。书去之前，周叔弢逐一记录，编成《壬午鬻书记》纪念，云"去书之日，中心依依，不胜挥泪宫娥之感"。同年岁暮，他在购书册中又记道："卖书买书，其情可悯，幸《礼记》为我所得，差堪自慰。衣食不足，非所计及矣。"此后他在《弢翁藏书题识》中回忆，"余时绌于为生，方斥去明版百数十部，尽归陈一甫丈"，所指也是此事。陈一甫购入这批明刊精本后，居敬轩之藏书乃令人刮目相看。

除了购自周叔弢的明刊本，陈一甫的藏书精品还有不少。明刻本有洪武七年（1374）浦江郑济刊《宋学士文粹》，毛氏汲古阁刊《十七史》，闵氏刊《战国策裁注》，沈与文野竹斋刊《韩诗外传》等；清刻本有殿版《二十四史》、《子史精华》，康熙武英殿本《月令辑要》，内府刻本《春明梦余录》等。稀见明清稿本、抄本也有十多种。此外所藏唐人写《转轮圣王经卷》，堪称传世唐代楷书的范本。其《宋学士文粹》，由方孝孺、楼琏、林静、刘刚等手写上版，字体娟秀，刻工极精，洵为佳椠。其殿版开花纸《二十四史》，初为章绍亭所藏，纸质洁白，精刻初印，书品宽大。书由茹芗阁书店主人杨永维购出，转售给天津藏家王西铭。后瑞宝斋主人邢宝华又由王西铭处购出，最后售给陈一甫。

陈一甫曾雇了个叫宁祥的文人，帮助其整理居敬轩的藏书。陈一甫还编有写本《恕斋收藏善本书目》一册，著录明版书800余种，多为白棉纸本，首有傅增湘的序。

1948年12月底，陈一甫在伦敦道寓所去世。当时天津即将解放，国民党守军负隅顽抗，全城实行军事管制，陈一甫遗体延宕很长时间才入殓。中华人民共和国成立后，陈一甫的夫人李霭如遵其遗言，将藏书捐赠给北京图书馆（今国家图书馆）。1959年，中华书局出版了《北京图书馆善本书目》，注有"陈李霭如先生捐赠"字样的134种善本，即陈一甫旧藏。陈一甫另有少部分藏书，捐赠给了天津市人民图书馆（今天津图书馆），其中包括诗稿、文稿、志稿及日记、信函、档案等，今藏天津图书馆历史文献部，笼统地题名曰"陈一甫传记资料"。唐人写《转轮圣王经卷》，后来也由陈一甫三子陈达有、徐国端夫妇捐献给国家。随着陈一甫藏书先后捐出的，还有陈氏家族的重庆道三益里、沙市道四维里等房产。

1935年4月，陈一甫由津赴沪，经香港游历欧美十四国，由其三子陈达有执笔，逐日记录行程、经历和感受等，撰成《欧美漫游日记》一册，1937年排印出版。此书对于了解当时西方有重要参考价值。也是1937年，陈一甫与倪文硕、苏贻纶、陈硕梁、张楚、金梁等合作，编辑出版了《石埭备志汇编》三册五卷，其中卷三的《人物志初稿补》、卷四的《金石志稿补》、卷五的《艺文志补》均由陈一甫完成。本书由周学熙题签，章梫、顾祖彭、龚心湛、金梁撰序，陈一甫撰《叙例》。此外，陈一甫还辑印过《石埭陈序宾先生褒荣录》《石埭陈氏先德录》《陈一甫先生六秩寿言》等家族文献。另1918年出版有《白喉治法摘要》，径署"居敬轩刊印"，可见其"居敬轩"书斋的历史也是非常久远了。

为了慈善事业和书籍收藏，陈一甫经常一掷千金，而他的生活却一直简朴。据陈达有回忆，陈一甫严肃而和蔼，生活极有规律，每天早起打坐，早餐后外出散步。陈一甫以素食为主，还常吃棒子面，因此被亲友戏称为"棒子面陈"。1935年游历欧美归来，他开始注意饮食营养，但正餐通常也只是两片面包，抹上黄油或果酱，再加一只苹果。年纪较小的儿孙辈，傍晚要去他房间唱歌谣。到了晚上八点半，他会亲自关掉总电闸，逼全家早睡早起。陈一甫因为节俭，还曾逃过一次劫难。那次他在民园体育场附近散步，被几个绑匪围住，问他"是不是陈一甫"，他指着带补丁的套裤否认，意即陈一甫不会这么穷。绑匪信以为真，竟将他放过了。

2017年5月29日于四平轩

陶湘与涉园

在天津市和平区黄家花园，有一片著名的三角地，由成都道、西安道、山西路合围而成。老天津人耳熟能详的祯源里和小猫饭店，就都矗立在这片三角地上。2007年，三角地的旧楼房多被拆除，改为绿地，多年后建起新洋房，原来成片的历史建筑，如今幸存下来的只有藏书家陶湘的藏书楼——涉园。

陶湘（1871—1939），字兰泉，号涉园，江苏武进人、著名金融家和藏书家。他1922年至1934年寓居天津，从事藏书、校书、刻书活动，在天津文化史上写下精彩的篇章。

武进陶氏先祖名陶人群，官福建邵武府知府，明朝万

陶湘

历年间与常州名儒刘养心联姻，乃由江苏溧阳县义笪村迁至常州（武进），世居著名的青果巷。六传至陶湘高祖陶梦麟，清太学生。曾祖陶登瀛，嘉庆举人，安徽天长县知县。祖父陶世赞，字小洲，候选州同。大伯父陶锡蕃，字菊存，浙江瑞安县知县。二伯父陶锡祺，字铨生，历任山东莱芜等地知县、临清直隶州知州，以治河有功保升府道。父陶恩泽，字晋甫，浙江淳安县知县，兼袭云骑尉。陶恩泽有六子：陶珙、陶湘、陶瑢、陶珩、陶镕、陶洙。

陶湘生于清同治九年（1870）七月十七日。他幼年随父宦游，在浙江德清读书，颖悟过人，涉目成诵。后来过继给二伯父陶锡祺为嗣。光绪五年（1879），陶湘随养父来到山东恩县，跟从寄食的族兄陶钧考览六经，探综群纬，剖谬判疑，打下了扎实的文献学功底。

光绪十五年（1889），陶湘得补大兴籍博士弟子员生，次年保送鸿胪寺序班。光绪十八年（1892），改官同知并捐五品职衔，投效山东黄河河工，因绩效卓著得到山东巡抚福润的保奏，谕准分发浙江候补知府，荐升道员并加三品衔，在浙江、直隶两省候补。其后，陶湘历任京汉铁路北路养路处、机器处总办，京汉铁路行车副监督，查办江西、安徽铁路委员等。光绪三十一年（1905），京汉铁路全线告成，盛宣怀、袁世凯、张之洞联合奏保陶湘奖励二品衔。光绪三十二年（1906）邮传部成立，陶湘调至该部出任京汉铁路全路副监督。宣统元年（1909）诰封资政大夫。鉴于国事窳败，陶湘欲退出官场，旋经盛宣怀转圜，委以上海三新纱厂总办，自此由政界转入商界。

1912年民国肇基，实业和金融渐为世重，陶湘以"精覈廉能"，先后被公推为上海轮船招商局董事兼天津分局经理，汉冶萍煤铁厂矿公司董事，财政部荐任上海中国银行监理官，山东中兴煤矿公司董事，天津华新、裕元、北洋

今成都道14号陶湘旧居

纱厂经理，山东鲁丰纱厂常务董事等。接着他又投身金融界，兼任上海中国银行监理官，天津、重庆中国银行经理，北京、上海交通银行经理，在交通银行总管理处负责清理旧账事宜等。

清帝逊位之后，陶湘先在北京安顿，1922年全家迁津，寓居河南路（今奉化道）等处。1932年，受陶湘之子陶祖椿委托，天津乐利工程公司荷兰籍建筑师乐伦森，为陶湘设计了伦敦道住宅（即今成都道14号），此即闻名遐迩的涉园。

1933年陶湘迁入新居。这是天津少见的立体主义风格建筑，也是当时为数不多的钢混结构住宅，原占地面积421平方米，建筑面积497平方米（现存390.737平方米）。建筑依据用地范围和功能分为三个院落：一个主院和两个附院。起居室和客厅为两层跃层式，二层设有内挑平台，可俯视客厅并通往后面餐厅。起居室设有落地窗和横向长窗。二楼书房设有转角窗，三层和四层为卧室。楼梯间为半圆形，顶部突出于三层以上。2013年，成都道的陶湘旧居作为天津五大道近代建筑群组成部分，被国务院公布为全国重点文物保护单位。

陶湘平生逐利于实业和金融，然养家糊口之余，所入都花到图书收藏和校刻方面，被推誉为商界之雅人。陶湘藏书之嗜，发蒙于其兄陶珙。珙积书数万卷，湘受其熏陶，对书亦发生兴趣。光绪、宣统间，陶湘即开始广泛搜罗图籍，初以明人集部及清代野史为主，其后旁及抄本、校本、稿本，上溢至宋椠元刊，遇有孤本秘籍，往往不计其值。他先入缪荃孙门下，后又结交傅增湘等，这些藏书大家的指导和熏陶，使他藏书的品位更加精进。陶湘嗜书非徒附风雅，而是少数得其三昧之人。

1929年，陶湘居津期间，应故宫图书馆馆长傅增湘之聘，出任故宫博物院图书馆专门委员，同时应聘者尚有陈垣、张允亮、朱希祖、卢弼、余嘉锡、洪有丰、赵万里、刘国钧、朱师辙等，十人中唯有陶湘来自商界。1932年，陶湘辞去工商各职，专事图书校雠刊刻。1934年在上海购宅长住，但仍不时北上津京探亲访友。1939年适居上海，其时抗日战事正殷，他得知儿辈拟为其庆古稀诞辰，乃以国难未纾为由极力劝止，并将寿筵之资捐与上海灾童教养所。1940年2月7日，陶湘因病辞世。

据傅增湘《故宫殿本书库现存目题词》记，陶湘涉园藏书盛时达30万卷，跻身于近代藏书大家之列。台湾学者苏精在《近代藏书三十家》中论及陶湘藏书的特色："他为人乐道的书癖：第一不重宋元古本，而以明本及清初精刊本为搜求大宗；第二嗜好毛氏汲古阁刊本、闵氏套印本、武英殿本、开花纸本等，所藏都是海内之冠；第三藏书讲究完美无缺，尤其重视装潢的美观。"

明毛晋汲古阁所刻书约600余种，陶氏百计搜求，收得500余种。闵刻、凌刻之书，其藏目有137种，其中带有版画之戏曲《红梨记》《西厢记》《琵琶记》《绣襦记》《幽闺记》等，均为传世稀品。所藏明万历程君房刻本《程氏墨苑》八卷本（另有十四卷本），系初次刷印，五色套版，精美绝伦。清代武英殿刻书多用开化纸，这种纸产自浙江省开化县，用楮皮、桑皮、三桠皮混合制成，色白如玉，质地细腻，没有纹络，又被谐音作"开花纸"。陶湘酷嗜"开花纸"殿版书，搜藏多达500余种，超过内府所储的同类书，一时遂有"陶开花"之称。陶湘嗜藏的版本，很多当时不为世重，而今已无一例外进入善本行列，让人不能不佩服他的超前眼光。为了广搜图书，陶湘甚至与傅增湘、董康等，在北京开过蟠青书室。

陶氏不但精于鉴藏，而且在刻书方面贡献甚巨。他在宣统年间即致力刻书印书，但大举从事则是在迁居天津之后，无论是校勘质量还是刻书数量，均远迈同时校家和刻家。

陶湘校勘、刻印的著名典籍有：1922年刻印《续刻双照楼宋元本词》，与吴昌绶刻印之《双照楼宋元本词》一并行世；1922年刊印缪荃孙藏明抄本《儒学警悟》，其书光绪十八年（1892）由贾人从山西搜得，后为缪重金购藏；

1924年至1928年影刻《托跋廛丛刻》10种；1926年至1927年影印《涉园影印六种传奇》；1926年至1931年影刻《喜咏轩丛书》；1927年影刻宋咸淳本《百川学海》，缺卷据明弘治华氏覆宋本摹补；1929年刊印《涉园墨萃》12种；1930年至1931年影印《百川书屋丛书》；1931年影刻汲古阁写刻本《松陵集》等。因为刻书工艺讲究，故此常有人委托陶湘代刻图书，如代张宗昌刻印的《唐开成石壁十二经》，代潘复刻印的许鸿磐遗著《方舆考证》等，均为民国印本中之佳椠。

整理和传刻北宋李明仲著《营造法式》，堪称陶湘的一项文化壮举。该书初刻于北宋崇宁年间，对研究中国古建筑极为重要，然行世者均据南宋刻本传抄，错误百出且各有残缺。1919年，朱启钤到江南图书馆访书，获见嘉惠堂丁氏影宋全本，乃缩付石印以广其传，可是研究者很快发现，这部抄本也是鲁鱼亥豕，因而朱启钤冀望恢复北宋崇宁本原貌。此事最后由陶湘接手，傅增湘、罗振玉、祝书元、郭世五、阚铎、吴昌绶、吕铸、章钰、陶珙、陶洙、陶祖毅等名家，都应邀参与了该书整理，以诸多抄本和类书对"丁本"反复校勘，补得脱误数十条。陶湘为了呈现北宋本原貌，在内阁大库散出的废纸中，觅到崇宁本残页，遂按其版式字体，请高手摹写镂版；图样则请著名匠师贺新赓等绘成界画，据图制作模型，以考专门名词演变；原书有两卷彩画图样（抄本皆墨色），特邀色印大家郭世五以古法监印，多者试印至十余版方满意。1925年"陶本"《营造法式》刊行，学界以为校勘完备，印制精良，彩色套印尤为创举。日本建筑家关野贞博士和英国汉学家叶慈博士，都很快发表了关于《营造法式》的研究成果。

陶湘购书、藏书、刻书不计成本，以至除却"陶开花"雅号，他还为中国藏书史贡献了三个名词。

一是"陶刻"（亦作"陶本"）。据统计，陶湘一生刊刻书籍约250种，其中绝大部分完成于寓津期间。陶湘刊刻的图书纸幅阔大疏朗，纸张洁白如玉，用墨犹如点漆，字体清秀悦目，装订整齐端方，见之则爱不释手，阅之则气爽神清，被藏书史家推誉为"陶刻"。陶湘身后半个多世纪，所刻之书已被视为"新善本"。

二是"陶装"。陶湘藏书讲究装帧，每有佳册到手，都要重付装潢，藏书界乃称其过手之书籍为"陶装"。藏书家傅增湘在《涉园藏书第一编序》中述之曰："被以磁青之笺，袭以靛布之函，包角用宣州之绫，钉册用双丝之线，务为整齐华焕，新若未触。有时装订之钱，或过于购求之费而毫不知吝，故持书入市，一望而识为陶装者。"

三是"陶氏书套"。陶湘对书爱护备至，稍有破损即觅良工修补，还亲自设计了月牙式四合书套。这种书套选工极严，缝棱不苟，书林誉之为"陶氏书套"。据陶湘之孙陶宗谦回忆，凡是祖父新购来的图书，都集中在奉化道宅院装潢和修补。聘请的工匠中有位杨永维，人称"小杨子"，是天津文庙的裱糊行家，陶湘的书套大都出自此人之手。

陶湘个人的著述也甚多，主要是《陶氏书目丛刊》15种，包括《陶氏书目丛刊》《涉园所见宋板书影》《清代殿板书目》《武英殿聚珍板书目》《武英殿袖珍板书目》《明吴兴闵板书目》《明毛氏汲古阁刻书目录》《明代内府经厂本书目》《昭仁殿天禄琳琅书目前编》《昭仁殿天禄琳琅书目续编》《摛藻堂四库全书荟要目录》等，大都是他在故宫博物院图书馆任职时的成果。

除了涉园，陶湘藏书处尚有百川书屋之名，以其藏有宋版《百川学海》而得名。陶湘的藏书印，主要有"阳湖陶氏涉园所存书籍之记""阳湖陶氏涉园藏书""百川书屋""涉园珍秘""兰泉"等。

陶氏购书藏书刻书，花去大量钱财。伦明在《辛亥以来藏书纪事诗》中咏之云："以类求书书不同，巧于弃取绍陶公。藏书岂若传书久，欲散家资养刻工。"在实业界和金融界，陶湘任职时间不算短，收入自然非常可观，但仍旧难以维持其购书、装书、刻书的庞大开支。

居津期间，陶湘的生计即出现问题。最迟在1931年，涉园藏书已被迫散出。据雷梦辰《近代天津私人藏书述略》记载，其大宗藏书售出有：殿版开花纸本100余种，1933年以四万元售与北京文友堂书店；又殿本开花纸本一批，售与北京文来、直隶两书店；丛书574种27000册，以十万元售归日本京都文化研究所，其中包括宋刊《百川学海》与明抄《儒学警悟》，该所《汉籍书目》之丛书部分即陶氏旧藏；殿版书中的平定各省方略20种，售与广东中山大学图书馆等；又100余种殿版开花纸书，售归北京魏丽生，魏又以三万元转给溥仪；汲古阁和闵刻、凌刻之书，售归伪满洲国银行总裁荣厚，荣氏特辟"萃闵室"储藏，后又以一万元转给溥仪。溥仪所藏现多归辽宁省图书馆。

陶湘迁居沪上之后，继续售书解困。郑振铎购得明万历彩印本《程氏墨苑》、明万历刊本李卓吾评传奇五种。所藏艺术珍籍如《方氏墨谱》《墨海》《十竹斋笺谱》等，抗战初期亦转手他人。抵押于盐业银行的明刊本明人文集80种，后转归南京中央图书馆，现藏台湾"中央图书馆"。新中国成立后，陶湘之子陶祖椿将家藏售余图书通过陈叔通捐给北京图书馆，寄存于交通银行的书版也化私为公。

陶湘的藏书楼涉园，1949年后成为大杂院。周边历史建筑拆迁时，这里的居民也随之迁出，至今仍处于闲置状态。现在，两侧的现代建筑已拔地而起，旧时涉园的窄窄正立面，似乎已淹没在都市的喧嚣声里，如果不是有熟人指引，匆匆走过时甚至很难发现成都道14号的存在。

2017年3月4日于四平轩

蔡成勋与希郑轩

民国时期的天津藏家济济，即就北洋各系人物而论，以藏书留名者亦不乏人，诸如梁启超、徐世昌、朱启钤、叶恭绰、傅增湘、章士钊、徐世章、张国淦、任凤苞、郭则沄、潘复等。然以一省督军之任，雅好藏书且声垂史乘者，蔡成勋似乎是唯一的人。

蔡成勋（1871—1946），字虎臣，中华民国北洋政府将军府济威将军。他生于直隶省天津县（其地今分属天津市环城四区）。清光绪二十六年（1900）毕业于天津武备学堂。宣统三年（1911）任第四十一混成协协统，1914年任第一师师长、南方征讨军第七军军长，1917年任绥远都统，1920

蔡成勋

年任陆军总长,1922年任江西督军。1924年12月下野至沪,未久回到天津。

　　蔡成勋在津居址主要有两处,也是其藏书楼希郑轩所在地。一处是河北蔡家花园,地处日纬路、五马路、月纬路、四马路合围地块。1922年启建,1926年竣工。花园建筑中西合璧,分为东西两院,家眷住东院,蔡氏住西院。东院有卧室、饭厅、客厅、家祠,西院有卧室、浴室、花厅,还有蔡氏的书斋希郑轩。蔡家花园今已遗迹无存,东院现为日远里居民小区,西院则由天津美术学院使用。另一处宅院在英租界新加坡道,由中国工程司建筑师阎子亨

今大理道1号蔡成勋旧居

设计。1935年建成，原本是一处宏大的院落，1949年后隔为大理道3号和5号。3号蔡成勋旧居为法国罗曼式建筑，全国重点文物保护单位，原是蔡氏居所和藏书处，现为天津市军事医学科学院卫生环境医学研究所。5号蔡氏家祠为中式四合院，和平区文物保护单位，现为天津市医疗急救指挥中心。

蔡成勋戎马生涯二十余载，虽是武夫却手不释卷。学者章钰《希郑轩记》云："津门蔡氏，世传儒业有名，邑人士类能道之。兹虎臣君复为课子计，广收有用书，俾资博涉，而以'希郑'题其轩。希郑云者，希宋夹漈郑氏《通志》之学也。"据此可知，蔡氏生在儒者之家，故于藏书早有感情。他为课子而筑希郑轩，取绍继南宋文献学家郑樵（世称夹漈先生）之意。章钰的这篇文字，保存在天津图书馆藏《希郑轩图题辞》之中。这是一部精心装帧的册页，外封和内封均有陈宝琛题签，外封曰"希郑轩图"，内封曰"希郑轩图题辞"。

《希郑轩图题辞》首有刘恩涵庚午（1930）夏日所绘《希郑轩图》。刘恩涵（1908—1989），字凌沧，河北固安人，早年入北京中国画学研究会、北平艺术专科学校学习，后来成为工笔重彩人物画大师，绘此图时他才22岁。《希郑轩图》之后，有周登皞、章钰、张鸣岐、张弧、管洛声、李琴湘、赵元礼、言敦源、查尔崇、林葆恒、任传藻、冯文洵、王武禄、顾祖彭、陈宝泉、李国瑜、李中、刘潜、郭则沄等34人所题诗文。这些题写者均乃一时之选，多数参加过城南诗社活动。然而令人遗憾的是，洋洋洒洒数十篇诗文，堪作史料的几乎没有。管洛声《虎臣将军藏书甚富，辟一轩曰希郑，制图徵题，率赋即希郢正》云："时贤碌碌重籯金，争及先生意念深。猥坐牙旗无长物，蛛丝鱼蠹费搜寻。滁山督部传题咏，绥远宗人有嗣音。难得结邻今洽比，就钞怀饼坐书林。"诗中用了两个僻典。清同治时四川总督吴棠好书，张之洞为之作《滁山书堂歌》；康熙时绥远将军蔡毓荣平定三藩，自纂《通鉴本末纪要》。册页中他人所作，也是此类门面话，诸如"玉函高擅千元架，缥帙重开皕宋楼"（查尔崇）、"花景一庭供点缀，琳琅四部共晨昏"（李中）、"广厦曾开千万间，归来福地有琅嬛"（刘潜）等。

《希郑轩图》征题时间，最早是庚午（1930）长夏，当距绘图之时不远，最晚是壬申（1932）三月。1930年至1932年的天津，虽然经历了便衣队暴乱和溥仪出走等重大事件，但仍是发展最为平稳的年代。希郑轩藏书此时进入鼎盛。蔡成勋聘请周登皞为西席，教授其子蔡樾千读书，同时给希郑轩藏书编目。周字熙民，福建闽侯人。光绪戊子科（1888）举人，大挑顺天府补用知县，出知宁河、武清、霸县、大城、东安等地。清末累官广西道监察御史。1912年中华民国成立，任拱卫军军需处秘书。1914年任肃政厅肃政使，1917年任绥远道尹，1921年暂护绥远都统。

1925年起寓居天津十年，1938年卒于上海。周登皞去世后，蔡氏父子送有挽联。蔡成勋挽云："不甘俗吏，沽上闲居，料来结习书生，特为儿曹温教席；虽有贤郎，江南迎养，还冀重游馆地，那期岁暮断音书。"蔡樾千挽云："未亲面命三年余，异地略偿留学愿；勉服心丧千里外，何时再报读书恩。"挽联由教育家李琴湘代作，故收入李氏联集《五雀六燕集》之中。

蔡成勋的文化素养到底如何缺乏明证，但其藏书却无法用"附庸风雅"来概括。蔡氏之藏非供一姓之私读，而是伴有刻书、捐书等活动。1923年5月6日，《大公报》第6版刊有《蔡成勋广印古籍之通咨》消息。这年5月1日，督理江西军务的蔡成勋，以省署名义通令并报教育部备案，"咨请通咨各省区广印古书，维持文化"。江西省尤其率先垂范，"除令教育厅查照外，合行抄件令仰该道县查照"。消息后附通令全文，特别强调"教育为富强之本，图书为文化之原"，而"时局日梦，兵氛不靖，官无法守，士有危言"，造成图书损毁，教育未彰，"近查江西白鹿洞所藏书籍，于旧岁完全焚毁。现已搜求书肆，照旧捐补齐全。此外江西贤哲、私家著述及官局刊刻版本，亦经一并调查著录，捐资付印，设法流行"。这份通令体现了蔡氏"实用"的图书思想："应请通咨各省区搜存古书，印行纵览。则图书馆于焉推广，国学会藉以研求。发扬国光，化干戈以为礼乐；归宗学海，障百川而挽狂澜。"

蔡成勋通令的效果不得而知，但其捐书却史有明载。1935年1月5日《大公报》第4版，刊有记者范长江的通讯《北大图书"丛书"之现状》，记北大图书馆所藏丛书来源——一是历年购置，二是各方捐赠，其中蔡氏民国初年"捐赠北大丛书不少"。天津藏书家曲振明所存李荣陛《禹贡山川考》，为原绥远省立第一中学图书馆藏书，封面钤有"天津蔡成勋赠"长方印。这应是他在绥远时所为。另据《河南大学图书馆史》记载，1923年5月豫省长官（时任督军张福来、省长张凤台）倡议，为中州大学图书馆募集图书，赣督蔡成勋及陕督刘镇华、晋督阎锡山、苏督齐燮元等响应，蔡氏为此捐书546册。

蔡成勋最著名的捐书活动，就是所藏尽归天津崇化学会。学会1927年由教育家严修倡办，在天津教育史上地位崇隆。史学家蔡美彪甚至认为，"崇化国专"（学会曾用崇化学会国学专修科之名）堪与"无锡国专"相媲美。学会重视藏书建设，草创时严修、卢弼即为之捐书，但总量不大，且多"四书五经""二十四史"等习见典籍，仅"粗具端倪，殊难备有大观"。1947年希郑轩藏书移存学会，又带动金氏立斋、胡氏梦选楼捐出私庋，学会藏书才形成规模和特色。

蔡成勋在天津，以蔡虎臣之名投资启新洋灰公司、寿丰面粉公司等实业，同时襄助众多公益事业，担任过天津市慈善事业委员会委员、天津市救济水灾委员会干事等。崇化学会创办，蔡氏亦是出资人之一。他向学会捐赠藏书，动议也非常之早。据刻书家金钺《屏庐文续稿》所收《希郑轩所藏书尽赠崇化学会记》记载，蔡氏捐书过程一波三折。先是蔡成勋"见莘莘学子鼓箧攻读，其造诣之高且深，有出乎意度之外者，乃更心焉嘉慰，期望良殷，曾拟将其数十年精力所聚以藏于希郑轩四壁充栋之书，尽行赠与崇化学会"。令人遗憾的是，规划未就而全面抗战烽燃，学会维系艰难，蔡氏亦无暇顾及捐书之事。1942年，学会恢复晚班，1945年重启日班，"弦诵之声始复殷然作矣"，蔡氏乃重提旧时之议。可图书未及移交，1946年蔡氏遽归道山，此事再次搁置。1947年，遗孀林夫人、儿子蔡樾千遵蔡氏遗志，最终将希郑轩藏书捐存天津文庙明伦堂，即崇化学会的会址。金钺认为，蔡氏藏书之捐赠"实人情之至难"，堪称"古今艺林所罕有之佳话"。蔡樾千生平行迹未详，据《五雀六燕集》有关注释，知其曾"游学香港大学"，也算未负父亲一片苦心。

希郑轩捐赠的藏书，被安置在明伦堂后之崇化堂。为了保存利用这批藏书，崇化学会做了四项工作：一是商之蔡樾千，将"希郑轩"匾额悬于崇化堂，"俾入斯堂之读者，举目见额辄知是书之所自来，即宜善体希郑主人所以慨赠之意义"；二是请书画家王吟笙绘制《希郑轩藏书图》褒扬蔡氏义举以广其传；三是请篆刻家齐治源治印两方，钤于希郑轩所捐图书上面，其中一方为"希郑轩蔡虎臣藏书印"；四是编写《崇化学会藏书目录》，其中自然包括希郑轩藏书。钤印和编目二事，由管理藏书的职员李炳德负责。编目1949年至1950年间进行，用钢笔书于油印讲义背面，著录内容包括书名、作者、卷数和版本四项。

王吟笙绘《希郑轩藏书图》或已无传，所幸《郑菊如先生诗存》卷四录有《希郑轩藏书图咏》七言古风，借此可觇原图大略。"将军蔡氏本儒生，家学渊源书百城。投笔从戎安天下，南昌开府棨戟荣”叙写蔡成勋行伍经历。“军书旁午皆手肃，好整以暇父书读。轻裘缓带叔子风，江西诗派刻山谷”叙写蔡成勋文采风流。“厅事隙余筑雅轩，颜曰希郑典籍存。竹简蒲编插邺架，不收坊板况摹翻”叙写希郑轩藏书宏富。“崇化学会近宫墙，将军早沐泮池香。满把巾箱十二库，汗牛充栋崇化堂”叙写蔡成勋捐书遗愿。“将军此愿几经春，能尝先志蔡夫人。文郎检点书目录，轩额奉赠更堪珍”叙写希郑轩捐书过程。“此图写自吟笙叟，座中佳士将军否。豪端绘出吟诵声，似恐泥丸封二酉”叙写藏书图之画面。郑樵一生之中，曾三次向朝廷献书。蔡成勋效法郑氏，将私藏化为公有，也算无愧“希郑”之名了。

蔡成勋的藏书活动还影响到戚友。其堂兄蔡成爔（1864—1937），字晴轩。1907年任天津官立中学堂国文教员，兼学生国学研究会课外辅导。后随蔡成勋赴江西督军任，返津时同僚多置妾携婢，独有蔡成爔带文物、古籍、书画、碑版而归。据与其交游的唐石父记述，所见蔡成爔存藏的宋拓汉碑即有十余种。

1949年初，天津临近解放，文庙被国民党军征用，崇化学会藏书陷入险境。据历史学家李世瑜回忆，学会董事王斗瞻，组织郭霭春、龚望等16人，昼夜守护藏书，最终竟奇迹般保全。某日龚望值班，有炮弹碎片落在屋顶，砸出一个窟窿，幸躲闪及时才免于遭难。郭霭春乃学会首批学员，后成为医史专家。其诗集《残吟剩草》中，有《王君斗瞻》一首："崇化堂书一旦亡，痛心只有我和王。黄昏忍饿东西走，谁解先生为甚忙。"诗中所咏就是王斗瞻奔走护书之事。

1951年，崇化学会应社会急需改为崇化会计学校，1953年以经费支绌停办。学会财产全部捐给天津市政府，其中藏书由市文化局接收，拨交至天津市人民图书馆（今天津图书馆）。

周登皞和李炳德所编书目皆已无存，故希郑轩藏书数量、质量难以评估。据李炳德回忆，蔡氏之书不求珍稀善本，而以实用为宗，捐至崇化学会者，以正经正史为主，还有当时编印的大套丛书，如《四部丛刊》等。金钺记述则云："屡厘累箧，琳琅满目，其板本之皆精善，装褫之尽完美，虽不同于宋元椠之古色古香，而适用则实为过之。"虽也强调了"适用"，但与李炳德所述大有不同，显然有些客套成分。将近七十年之后，置身天津图书馆的文献学家郑伟章，对蔡氏藏书也给予了特别关注。他检读数种之后，记录下所钤藏印："蔡虎臣先生赠崇化学会藏书"双行朱长方、"希郑轩蔡虎臣藏书印"朱方、"表章经史之宝"朱大方等，其中之朱长方、朱方当即齐治源所刊者。郑伟章还发现，希郑轩藏书有明显特点："明清善本大多装潢典雅，力求其本之完善，力求为棉纸初印。手持其书，真赏心悦目，令人神怡。"这一目验得出的结论，或可修正学界此前的认知。

郭霭春《残吟剩草》中，另有《严范孙先生》七绝两首，其第二首云："蟫香馆里弦歌歇，希郑轩中满壁尘。风雪几番惊断续，斯文犹幸有斯人。"这里所说的希郑轩，应指崇化学会的希郑轩藏书斋。以学会的书斋希郑轩与严修的书斋蟫香馆对举，语意中饱含了历史的沧桑况味。希郑轩藏书几经波折，最终成为公藏，与层出不穷的典籍之厄相比，这真是极好的归宿了。

2021 年 2 月 22 日于饱蠹斋

傅增湘与天津双鉴楼

　　傅增湘是民国闻人，著名教育家和藏书家，他1881年至1891年、1902年至1917年两度侨寓天津，总计长达25年。

　　傅增湘（1872—1949），字叔和，后改沅叔，号润元，别署双鉴楼主人、藏园居士、藏园主人、藏园老人等。四川省江安县人。傅增湘清同治十一年（1872）九月初八日出生，祖先乃山西人，相传是商代名相傅说后裔。尚在襁褓中时，傅增湘出嗣给亡叔傅世錾，但仍与生父在一起。光绪三年（1877），傅增湘发蒙入塾，受教于祖父傅诚。其后随父亲傅世榕出蜀，迁转于宁波、奉化、江宁、海州等地，

徐悲鸿绘傅增湘像

每到一处辄附塾就学。光绪七年（1881），傅世榕到天津探望任北河通判的父亲傅诚，傅增湘随侍来到天津。津海关道周馥请傅世榕佐以杂事，见其规划精审、廉洁自持，挽留他在直隶任职，傅增湘于是随父居津，师从蒋峨峰习举业。光绪九年（1883），傅增湘操笔为文，可是思路窘束，三年无甚长进。正好塾师蒋峨峰告归，长兄傅增淯督促傅增湘泛览群书。此时傅增淯已是举人，远比蒋峨峰谙熟读书和科举的要窍，如此年余，傅增湘一夕心思朗澈，"翌晨从兄乞题，作富而无骄制艺三十六比，出应集贤书院月课，往往得中等"。光绪十四年（1888），傅增湘捐粟纳为监生，应顺天府乡试中举，房考出张子虞门下，主试者为翁同龢，傅增湘的经艺卷批有"词藻纷披，考据翔实"字样。

光绪十七年（1891），傅增湘随父迁居保定，在莲池书院就读，又得山长吴汝纶关注。光绪二十二年（1896），傅增湘受聘于知县劳乃宣幕，因才学兼优，薪水比常规多出一倍。光绪二十四年（1898），傅增湘中进士，授内阁中书。同年秋还蜀奉母，淹留三年有余。光绪二十八年（1902）春，经友人吴彭秋介绍，傅增湘接袁世凯聘书，出川到保定谒见，被委为军咨办理文案。数月之后，直隶总督衙门迁天津，傅增湘再次定居沽上。光绪二十九年（1903），傅增湘考试散馆，以第一等第一名授翰林院编修，七月充顺天乡试同考官，出闱后仍请赴袁世凯幕，受委总理天津女学事务，从此投身教育事业。

光绪三十年（1904），傅增湘在袁世凯、杨士骧、唐绍仪支持下，与吕碧城、英敛之、卢木斋等筹集款项，创办北洋女子公学，傅增湘任监督，吕碧城任总教习。光绪三十一年（1905），创办北洋高等女学堂，傅增湘任监督，张相文任教务长。光绪三十二年（1906），创办北洋女师范学堂（今天津美术学院址），吴蔼宸督外堂，汪潘志明察内舍，而监理内外总纲挈领的，则是傅增湘之妻凌万鑴。光绪三十三年（1907），袁世凯赴京任职，接任的直隶总督杨士骧，对傅增湘也很器重，以才堪大用密荐留津。

光绪三十四年（1908），学部奏设京师女子师范学堂，委傅增湘总理其事，不久又简授直隶提学使并蒙慈禧太后召见。三年间，傅增湘视学直隶各地，"减骑从，冒寒暑，走穷村古寺，目验而口喻之，所至集官绅评优劣，而申以奖惩，风习得以周知，士气为之奋发，盖提学巡视之举全国莫先焉"。宣统元年（1909），傅增湘在天津组建直隶教育总会。同年，中国地学会在津成立，傅增湘为总理，张相文为会长。宣统二年（1910），辞京师女子师范学堂职。宣统三年（1911），任中央教育会副会长。不久辛亥革命爆发，傅增湘随唐绍仪参加南北议和。

1912年民国肇基，傅增湘主动请解直隶提学史之职，退隐天津以校书访书自娱。1914年1月，傅增湘当选北京政府约法会议议员，8月出任肃政厅肃政使，1916年以裁撤解职。1915年10月，派为稽查国民大会选举事宜。1917年12月至1920年7月，连任三届教育总长。1922年，任偿还内外短债委员会会长。1927年，任故宫博物院管理委员会委员兼图书馆馆长，1929年改任专门委员会通讯专门委员兼图书馆专门委员。1930年，在清华研究院任教。1937年华北沦陷后闲居北平，昕夕访书、校书、刊书。1949年10月20日因病逝世。

傅增湘生于"三世善守"的藏书世家。傅诚宦游江南时喜搜旧籍，傅世榕亦雅好聚书，与莫友芝等藏家交游。在祖父和父亲影响下，傅增湘少年即嗜坟典，他回忆在保定时说："余绮岁耽书，尤嗜古本，月课所入，辄散坊贾，保阳陋肆，无书可求，即名家行卷，亦取旧刻丛残、世不经见之本。每挟书归塾，先母辄迎门而笑曰，辛勤膏火乃易断烂纸裹乎。"在天津创设女学时，傅增湘常代学校购书，逐渐接触古籍善本。宣统三年（1911）南北议和，因谈判不顺，傅增湘在沪滞留数月。其间他以百金购得《新刊诸儒批点古文集成》，为汪启淑进呈四库之本，这成为他购藏宋版的开端。他又与沈曾植、杨守敬、莫棠、徐乃昌、张元济等名家交游，相与讨论藏书问题，自此"每见异书，驰往质证，习之数月，忽有解悟，遂敢放意搜求"。1912年3月离沪时，傅增湘已"裒聚千有余册"，沈曾植专门作句送行："傅侯岷山精，嗜书剧食色。顾野马群空，下韝鹰眼疾。年少诚不廉，雄成遽无匹。"

1912年退隐之后，8月傅增湘在青岛购地，本拟筑宅迁居，但很快改了主意。他给张元济写信说："湘住十余日，见其天时之清美，山海之壮阔，人情之朴实，交游酬应之简易，谓可卜居，遂购地一区，欲筑屋迁焉。嗣因家口太多，搬移不易，又岛中市面不甚流通，设有缓急，无从筹措，殊为危险，乃改计仍留津。"

因青岛尚欠便利，傅增湘决计长居天津。他花费八千余金，在英租界小孟庄筑宅。1913年元旦，傅增湘迁入新居，是为其藏书楼津寄庐。傅增湘"屏除百好，专意于兹"，与藏家及书贾时通消息，藏书数量和质量增益迅速。

1916年，傅增湘购得端方旧藏百衲本《资治通鉴》，他在书后题跋说："昔同治乙丑，先大父励生公官金陵，得元刊《资治通鉴》胡注……是为吾家藏书之鼻祖……今复得此巨编，正与梅磵刻本后先辉映。敬题藏书之所曰双鉴楼，并援荛翁之例，别写得图书，征求通人题咏，上以表先人之清德，下以策小子之孟晋焉。"励生是傅增湘祖父傅诚的字，落款"丙辰十一月一日"是1916年11月25

日，可知傅增湘因庋藏元刊本和百衲本《资治通鉴》，藏书处由津寄庐改称双鉴楼。1928年，他又得到宋本《洪范政鉴》，与百衲本《通鉴》配成新"双鉴"，这时傅增湘已迁居北京了。

傅增湘在天津时，与藏书家章钰、李盛铎、袁克文、周叔弢等多有交游，而与翁之廉关系犹密。翁之廉因被过继给翁安孙，成为翁同龢的曾孙。他继承了翁同龢的藏书，曾出多部佳椠给傅增湘鉴赏。傅增湘在《施顾注苏诗》题跋中说："忆癸丑甲寅间，余侨居津门，与常熟翁敬之观察衡宇相望，晨夕过从，谭宴欢洽，藉谂松禅师藏籍半归其守护。"松禅师就是翁同龢，傅增湘中举时翁是主考官。翁宅在今烟台道与新华路转角，傅宅在今河北路与烟台道夹角，与原儿童影院（黎元洪旧居遗址）相邻，故傅氏云与翁宅"衡宇相望"。

1917年9月，天津遭遇特大洪水，27日傅增湘致信张元济，告知藏书幸未遭灾，"昨在都，闻大水至，亟奔还家，人已四散，逃避无踪，追寻竟日，乃得相见。更以重价买舟，撑入寓内，将宋元抄校各种计四十箱运出，劳苦困惫，至不可言"。傅增湘担心再遭水厄，于是举家迁京，暂租醇亲王故邸栖身。1918年傅增湘出任教育总长，在西四石老娘胡同买宅，取苏轼"万人如海一身藏"诗意曰藏园。藏园之名其实也始自天津。1914年，傅增湘借王秉恩校《郘亭知见传本书目》再行校订成为新本，交付天津官报书局排印行世，世即称"藏园排印本"。

傅增湘存有大批手稿，藏在其长孙傅熹年处。其中《津逮阁戊申以后买书记》一册，著录1908至1909所购普通明清刊本；《津逮阁清人诗文集目录》一册，著录1910年以前藏清人诗文集；《津逮阁藏书目》两册，著录1916年以前藏善本；《蠹迹琐谈》一册，为1910年至1911年购书记录。此四书都成于傅增湘居津期间，所谓津逮阁当亦是其在津藏书处。《津逮阁藏书目》专门著录善本，恰好成于迁居北京前一年，因此能大体反映傅增湘在津藏书实绩。

傅增湘迁居北京后，藏书也渐抵巅峰。宋元珍本善本多，明清本中汲古阁本多，是傅氏藏书的两大特色。据1929年《双鉴楼善本书目》统计，所藏宋刊本189种，元刊本55种，元写本1种，另金刊本2种，日本活字本9种，日本刊本5种，高丽活字本2种，高丽刊本2种；又《双鉴楼善本书目》著录汲古阁刻本24种,《藏园群书经眼录》著录汲古阁刻本近30种,《双鉴楼藏书续记》著录汲古阁抄本2种。伦明在《辛亥以来藏书纪事诗》中题咏说:"海内外书胥涉目,双鉴已成刍狗陈。取之博者用以约,不滞于物斯至人。""篇篇题跋妙钩玄,过目都留副本存。手校宋元八千卷,书魂永不散藏园。"诗中对傅增湘藏书和校书都予以高度评价。

傅增湘任教育总长时,鲁迅适为教育部佥事,两人由此有过一段小插曲。鲁迅杂文《病后杂谈之余——关于"舒愤懑"》中记,他藏有一套明代宋端仪《立斋闲录》,"因为肚子饿得慌了,才和别的两本明抄和一部明刻的《宫闱秘典》去卖给以藏书家和学者出名的傅某,他使我跑了三四趟之后,才说一总给我八块钱,我赌气不卖,抱回来了"。文中的傅某就是傅增湘。这次不成功的交易,让鲁迅对傅增湘成见颇深,不止一次落笔嘲讽。

傅增湘藏书1930年达到顶峰,其后虽仍有珍善版本和较大规模购入,但同时也伴随着散出过程。傅熹年曾说:"先祖藏书在六十岁后有四次较大的出让。第一次是1933年出让宋元钞校本120种给杭州王氏九峰旧庐,第二次是

1939年出让宋本《周易正义》给陈澄中，均是筹款还债。第三次于1942年出让宋元钞校100种，经沪上书商转归陈群，为出版《宋代蜀文辑存》筹款。第四次是出让北宋本《史记集解》和宋蜀本《南华真经》给历史语言研究所，近于征购，事出不已。"

　　傅增湘与诸多藏书大家和公立图书馆相熟，认为"私家之什不敌公库之藏"，逐渐形成藏书归公思想并付诸实践。1947年，他将部分藏书捐给北平图书馆，手自检点二十余箧。这批藏园校订书籍，当时点交清册为337种3581册，1959年编入《北京图书馆善本书目》。1948年，他两次出让明刊善本及名家抄本给北平图书馆，也编入《北京图书馆善本书目》，总约79种。1949年去世前，又将多年珍藏之"双鉴"献给国家；年末家人将宋本《新唐书》等77种售归北京图书馆。1950年，家人遵遗嘱捐3.4万卷图书给当时的四川省，现藏重庆图书馆与四川大学图书馆。1951年，北京图书馆举办版刻展览，征购宋金元刊本7种；其后又征购宋本《乐府诗集》用于影印。1956年，家人售宋元抄校本200种给北京图书馆。藏园之书大批转入公库的同时，也有零星售给民间的。据雷梦水《琉璃厂书肆四记》，1948年文德堂与文渊阁、修文堂、来薰阁合资，自傅增湘长子傅忠谟处伙购藏书一批，系傅氏托四行储蓄会朱鼎荣所售者，中有宋板《苏诗》、宋残本《周礼》等。

傅增湘著述宏富，其游记、题跋等常载于报刊，结集行世的颇多，其重要者包括：《双鉴楼善本书目》四卷（1929年藏园排印）、《藏园居士六十自述》一卷（1931年手写石印）、《清代殿试考略》（1933年天津大公报社）、《藏园居士七十自述》一卷（1941年手写石印）、《藏园群书题记初集》八卷（1943年藏园排印）、《张元济傅增湘论书尺牍》一册（1983年商务印书馆）、《藏园群书经眼录》十九卷附《总目》一卷（1983年中华书局）、《藏园群书题记》二十卷（1989年上海古籍出版社）、《藏园订补郘亭知见传本书目》二十三卷（1993年中华书局）、《藏园游记》（1995年印刷工业出版社）、《藏园老人遗墨》（1995年印刷工业出版社）等。

傅增湘性喜山水，而且多付诸文字。宦游访书间隙，他三次登览天津蓟州的盘山：第一次为光绪二十八年（1902），逗留三日；第二次为宣统三年（1911），历时两日半；第三次为1931年，前后游赏七日。傅增湘为盘山留有多篇文字或刻石，足为蓟州文化增色。

2020年3月5日于饱蠹斋

梁启超与饮冰室

　　天津市民族路12号和16号，是近代著名思想家、文学家、学者梁启超故居和饮冰室书斋，每天来此参观瞻拜的人络绎不绝。

　　梁启超（1873—1929），字卓如，号任公，又号饮冰室主人，广东新会人。梁启超祖居秦地同州，北宋时始迁广东。其先辈十世务农，至祖父维清时才立志读书，捐了个附贡生。父亲宝瑛也攻习举业，以教塾馆为生。梁启超四五岁时，即随父读"四书五经"，后进入广州的学海堂书院。梁启超堪称神童，他八岁即能为文，九岁可缀千言，参加县试、府试均名列榜首，十一岁参加院试，又以第一

梁启超

名成绩中秀才。清光绪十五年（1889），十六岁的梁启超乡
试中举，这次虽然没有第一，却深得主考李端棻青睐，把
堂妹李蕙仙许配给了他。光绪十六年（1890），梁启超入京
会试，落榜后途经沪上，读到《瀛环志略》等西学书籍，
眼界为之大开，回到广州之后，拜在康有为门下研治新学。
光绪二十年（1894），甲午中日战争清廷惨败，梁启超南北
奔走，以期救国图强，参与了公车上书、湖南新政、请废
八股、戊戌变法等改良维新活动。光绪二十四年（1898）变
法失败，梁启超流亡日本。

　　1912年中华民国成立，梁启超自日本回到北京，出任

北京政府的司法总长、币制局总裁、财政总长等，还参与
策动了反袁护国战争和讨伐张勋复辟的谋划。1917年底，
梁启超结束政治生涯，专事教育和学术活动。

梁启超归国之后，几经考虑决定把家安到天津。1913
年底，他在意大利租界买下地皮，次年建起一幢两层楼房
（今民族路12号），一楼临窗一间辟作饮冰室书斋；1915年，
梁启超举家迁居天津。1924年，他又请意大利建筑师白罗
尼欧设计，建起另一幢两层楼房（今民族路16号），作为
独立的藏书楼，著名的饮冰室书斋亦随之移到这里。

梁启超自幼勤勉好学，父亲常为购书以读。他在书院
的膏火钱，也主要用来买书。至戊戌变法前夕，梁启超藏
书已颇具规模，可惜因为仓促出逃，最终流散殆尽。梁启
超的饮冰室藏书，基本是居津之后搜集的。罗振玉、杨守
敬、郑文焯、刘文典、蒋复璁、周叔弢、庄蕴宽、罗敦曧、
余绍宋、吴昌绶、马其昶、欧阳竟无、钱恂、赵熙、陈衍、
徐珂等文人学者，都曾送个人著作给梁启超。当然，更多
藏书仍然是买来的，为此梁启超花费不菲。1928年6月，
他写信给女儿梁思顺告穷说："今年家用怕有点不敷……
费点心血找三几千元弥补弥补。"可能怕女儿、女婿误会，

今民族路12号梁启超旧居

今民族路16号饮冰室书斋

他马上又解释道："我自己零用呢，很节省……就只爱买点书，我想平均每月有二百元的买书费，对于我的读书欲也勉强充足了。"每月花200元买书，这在当时可绝不是小数目。为了买书方便，梁启超与很多书商成为朋友，天津藻玉堂经理王子霖就是其中之一，对梁启超购藏图书和研究学术帮助很大。梁启超对书特别爱惜，每回读毕都要重加装潢，写好书根后再行插架。

梁启超藏书注重实用，与传统观念差异很大，举凡经史子集及东瀛之本，凡研究趣味所及者，均在他的搜集之列。梁启超晚年倾心佛学，相关藏书多达454种，占饮冰室藏书总量的13%。梁启超最早提出《楞严经》作伪问题，为此所藏《楞严经》的注疏本竟有14种之多，包括明刻本2种，清刻本11种，民国刻本1种，可见其材料搜集功夫之深。饮冰室所藏，相对珍稀者为陈澧、惠栋、黎简、王懿荣等名家批校本。不过，这可不是他追捧名家，而是书籍到手之后，根据批注等研究推定的。如明万历刻本《路史》，他认为是惠栋批点本，欣幸"得此如捧手与二百年前大师晤对"。又明刻本《青丘高季迪先生诗文集》，梁启超据书中手批数十则，认为是二樵先生黎简所藏。又清道光刻本《绝妙好词笺》，乃是友人汪柏庐自冷摊购赠的，而梁启超根据书上校识，认定为东塾先生陈澧旧藏。

梁启超藏书，反对只重宋元古本、明清批校，认为这是古董家藏法。友人余绍宋所撰《饮冰室藏书目录》序言，大体能够反映梁启超的藏书思想："任公慨然谓世之颛爱宋、元板本者，直是骨董家，数许为予书作序以张其说，故其所藏但期切于实用，不必求其精椠，上自典册高文，下逮百家诸子，旁及东瀛海外之书，无不殚事收集，其意非徒广己于不可畔岸之域，谓先哲之庋藏之意无所不赅，固如是也。"

梁启超对所藏图书，多能仔细研读利用，还写下不少题跋，据今人王琼《梁启超藏书题跋述略》统计，现今存世者至少有117篇，还不包括为友朋著作所写序文以及碑帖跋154篇、书画跋46篇。除了自读自用，梁启超还送书给子女阅读，如其《四书章句集注》题跋云："思成方将就学于外，惧其荒国学而隳大本也。以此授之，俾终身诵焉。"这是他在书上忠告长子梁思成的话。

居津十几年间，梁启超利用所藏图书，先后撰有六十多部著作，如《清代学术概论》《老子哲学》《先秦政治思想史》《中国近三百年学术史》《中国历史研究法》等，仅仅以饮冰室命名的结集，就多达二三十种，如《饮冰室文选》《饮冰室文集》《饮冰室壬寅癸卯全集》《饮冰室文集类编》《分类精校饮冰室文集》《饮冰室丛著》，还有后来林志钧所编非常著名的《饮冰室合集》等。

学者徐信符《广东藏书纪事诗》写梁启超云："冰雪聪明笔一枝，新民清议撼危疑。晚年绚烂归平淡，论学清华又一时。"诗所咏对象是藏书家，不过所评却全都是学术，根本未谈及梁启超的藏书。由此可知在世人眼中，梁启超的学者名头远胜藏书家身份。不过，梁启超非但建有藏书楼，存有藏书目，撰有藏书跋，而且躬身参与公共图书馆建设，被誉为中国近代图书馆事业的开拓者，此数点即已超越了绝大部分藏书家。

梁启超对藏书实用性的强调，决定了其通达开放的藏书理念。饮冰室建成之后，梁启超规定夫人、秘书之外，子女不能随意进入玩耍。梁启超的儿子梁思礼回忆说，小时候每次到新楼，都有受到嘉奖的感觉。然而，被儿女视作"圣地"和"禁地"的饮冰室，寒暑假却几乎成了家庭图书馆，常有清华、南开的学子前来观书问学。饮冰室藏书对学生完全开放，一任自行取阅。1926年，谢国桢在清华国学研究院结业，就来到天津饮冰室，协助梁启超编纂《中国图书大辞典》，同时教梁启超的子女梁思达、梁思懿等读书。梁启超的学术思想和学术趣味，深刻影响了谢国桢的学术取向。谢国桢晚年在《梁启超先生少年逸事》文中，回忆了当年亲聆謦欬的场景："时方三鼓，炎热初消，月映微云，清风徐至，二三子侍吾师梁任公先生于中庭，从容问先生少年时事。先生兴之所至，娓婉而谈，二三子听之欣然忘倦，不觉狂蹈，回视河汉，时已微曙……"谢国桢痴迷明末清初历史文献，与梁启超关系甚大："由于我读过梁先生著的《清代学术概论》《近三百年学术思想史》及清江藩《汉学师承记》，因之我曾研究过顾炎武、黄宗羲的学术思想。在这个基础上，梁先生又给我讲明末清初的遗事。"追随梁启超期间，谢国桢饱览了饮冰室藏书，搜集了大量明清易代史料，为后来完成学术代表作《晚明史籍考》奠定了基础。

饮冰室还是文化俱乐部。1927年夏梁启超肾病加重，被迫停止讲学，在家静养。梁启超退居津门之后，与严修、张伯苓、余绍宋、郭则沄等来往频繁。余绍宋是他的老部下，正好这年辞官来津，寄居在离饮冰室不远的郭芸夫家，由此成为梁家的常客。梁启超称余绍宋云："闲日辄过我饮冰室，谈艺为欢。"余绍宋则说："予避乱居津门，与任公梁启超先生过从最密。"余绍宋"尽窥饮冰室之所藏"，一年后离开天津时，其传世之作《书画书录题解》已完成三分之二，这是其利用饮冰室藏书的直接成果。据梁启超子梁思达回忆，余绍宋是个大嗓门，常在午后造访饮冰室，一到楼下就问梁任公在家没有，而梁启超一听是他驾临，就会赶紧到楼梯口迎接。除了商讨学问，余绍宋还常在饮冰室作画，为此梁启超特意在卧室临窗之处，给余绍宋准备了一张画案。梁启超还每每亲伺左右，出所藏旧纸旧墨索绘。余绍宋也乐于挥毫，乃至"食顷尽数纸"。翻阅《余绍宋日记》，在饮冰室作画的记载极为密集，他不但给梁启超画，也给他的子女乃至弟子画，日记中就有送画给谢国桢的记载。余绍宋在饮冰室期间，还有一项任务是陪梁启超打牌。如今饮冰室陈列有一张"棋牌桌"，但梁启超下棋的记载却难以找到，打牌则可以肯定是经常性的。梁启超的牌瘾颇大，相传有一回《大中华》杂志催稿，梁启超打麻将不愿脱身，一边摸牌一边口述，完全由秘书记录成稿。梁启超作为学术通才，打牌的水准也不低。他在家书中就曾透露，过节给孩子发零花钱，没两天打牌就赢回来了。

梁启超对图书馆事业尽心竭力。1916年蔡锷（字松坡）将军病逝，他上书总统黎元洪，请设图书馆以为纪念。1918年，梁启超、李烈钧等在上海筹设松坡图书馆。1920年，梁启超游欧返国，以带回的一万册图书为基础设立图书俱乐部。1923年，松坡图书馆在北京北海快雪堂正式成立，梁启超自任馆长。1925年，梁启超促成中华图书馆协会成立并任董事长，同年兼任京师图书馆馆长，翌年兼任北京图书馆馆长。

1929年1月19日，梁启超在北京病逝。他生前留下遗嘱，将藏书寄存于国立北平图书馆，"当俟国中有稍完备之图书馆时全数捐赠，以供海内学子之求"。1930年2月24日，天津律师黄宗法受梁启超子女梁思成等委托，致函给北平图书馆，提出拟"永久寄存"饮冰室藏书。馆方当即派采访部兼阅览部馆员爨汝僖、编纂部馆员梁廷灿和杨维新、金石部馆员范腾端等四人，赶赴天津点收饮冰室藏书，总计旧籍2831种41474册，新书109种145册，日文书433册，石刻碑帖500余种1400多件。此外尚有墨迹、信札及未刊稿等。1931年6月，北平图书馆新馆落成，特别辟有梁启超纪念室，陈列其生平所用书桌、文具等。馆长袁同礼"欲永其传"，又派人编纂《梁氏饮冰室藏书目录》四册，1933年铅印出版。

1949年之后，北京图书馆筹建手稿专藏文库。1954年3月，馆方派冯宝琳与梁启超的后人联系，希望捐赠梁启超的手稿。一个多月后，梁启超长女梁思顺（梁令娴）致函北京图书馆：

　　一九五四年三月十日来信收到，当时因舍弟思永病危，不幸逝世之后，又办丧事，所以许久没有回信，抱歉得很。

　　先父手迹，得贵馆负责保存，十分欣兴。文稿三大箱在西单手帕胡同甲三十三号梁宅，请于下星期一日——四月十九日——上午前往搬取。我处有目录一份，其他墨迹也愿一并奉赠，请派人来取。

　　专此布覆，并致

敬礼！

　　　　　　　　　　　梁令娴启　一九五四.四.十六

这次后人捐赠的三大箱文稿，包括梁启超《饮冰室合集》全部手稿以及一批未入《合集》的文稿，价值自不待言。1954年10月27日，文化部部长沈雁冰签署褒奖状："梁令娴、梁思成先生以所藏梁启超先生饮冰室文稿三百九十三种计八千二百六十六页捐献国家，公诸人民，特予褒扬，此状。"

1997年，梁启超的子女梁思宁、梁思达、梁思礼等，又向中国第一历史档案馆捐赠了遗留的梁启超书信和手稿，总计14册416件，其中除了梁启超与杨度、段祺瑞、蔡锷、张君劢等各界名人的通信，还有梁启超写给子女的大量家书。

梁启超的书斋"饮冰室"一词，最早出现在他主编的《清议报》第25期，其以"饮冰室自由书"为题开辟专栏，刊载读书杂感和社会言论等，1905年由上海广智书局结集出版。在《饮冰室自由书》序中，梁启超谈到饮冰室的命名："庄生曰：'我朝受命而夕饮冰，我其内热欤！'以名吾室。"他实际是借助这个典故，表达对国家前途的忧虑。

梁启超故居和饮冰室书斋，1949年后由多家单位使用，后来成为大杂院。2001年，天津市政府对其进行整修，辟为梁启超纪念馆，2003年4月18日正式开放。梁启超故居布置有"梁启超与近代中国"主题展览，饮冰室书斋则进行复原陈列，再现了梁启超当年生活和著述环境。梁启超纪念馆作为天津市爱国主义教育基地，2006年被列入全国重点文物保护单位，2008年5月被评为AAA级旅游景区。

2019年7月23日于半湖斋

卢弼与慎园

　　晚清民国藏书家卢弼，寓居天津三十余年，在今大理道32号小楼里，他完成了藏书由聚到散的最后历程。

　　卢弼（1876—1967），字慎之，号石斋，又以书房之故号曰慎园。祖籍湖北沔阳新堤镇（今属洪湖市），父崇瀛始迁仙桃镇（今仙桃市），倡设积善堂，继办育婴堂，修路济困，乡民善之。崇瀛有二子，长曰卢靖（1856—1948），字勉之，号木斋，官至直隶、奉天提学使。次即卢弼，清光绪二年（1876）闰五月二十八日出生，刚好小兄长二十岁。

　　卢弼自幼聪颖，初由父亲开蒙，六岁随兄长读《毛诗》《左传》《尔雅》，十岁即能为文。光绪二十一年

卢弼

（1895）入经心书院，光绪二十三年（1897）入两湖书院，

受教于学者杨守敬、邹代钧等，与革命家黄兴是同学。光

绪二十六年（1900）奉派游历日本。光绪二十八年（1902）

和三十年（1904）又两度赴日留学。光绪三十四年（1908）

毕业于早稻田大学，同年归国应学部试，授法政科举人。

宣统元年（1909），入黑龙江巡抚周树模幕，任省公署秘书

官、交涉科参事，兼办交涉局、调查局等。卢弼谙熟中俄

边境历史，在一次交涉中挫败沙俄吞并满洲里的图谋，受

到周树模的器重，两人又是湖北同乡，由此结为至交。

　　1912年中华民国成立，卢弼历任北京政府铨叙局秘

书、国务院秘书、蒙藏院顾问、平政院评事、文官惩戒会委员，署黑龙江省高等检察厅检察长并国务院秘书长，1917年为平政院庭长。1925年卢弼退出官场，受聘于北京大学。1929年任故宫博物院图书馆委员。

卢弼藏书深受兄长影响。卢靖在外为官时，经常给小弟寄书，每次附函都启示谆谆。这让卢弼终生不忘，晚年仍作诗忆往："遥怜稚弟滞江乡，检点群书远寄将。垂老分甘情义挚，友于风雨话连床。"

卢弼所庋之书，主要是在京时所购。他与傅增湘、张元济、张国淦、余绍宋、甘鹏云、徐恕等藏家友善，常互相切磋版本目录之学。卢弼常到北京旧书肆搜求图籍，所积计有10多万卷，藏于"慎园"书室，一共占去七间屋子。除了常用的学术书、工具书，以明刊本最多，清刊本次之，亦有稀见之稿抄本等，其中湖北文献积至200余种。所藏雍正版《古今图书集成》，多达10040卷528函，当时即已不甚经见。据外孙女刘行宜回忆，卢弼居京时常在家接待书贾，琉璃厂、隆福寺的书店伙计来得最勤；编修《湖北先正遗书》《沔阳丛书》时，卢弼四处求购珍籍，苏州、杭州、扬州等地书店，都寄来书目供他选择。甘鹏云作诗咏卢弼访书云："苦亲铅椠伴朝昏，除却收书懒出门。深巷驱车何处去，庙摊书藏海王村。"

卢靖、卢弼兄弟同是藏书家。卢靖知止楼所积亦不下20万卷。他早年应汉阳府试时，见有《经世文编》，因无力购买，蹭读时遭到书贾奚落，后靠借贷方才购下。此事对卢靖触动极深，使他终生以建设学校、图书馆和刊印书籍为职志。知止楼藏书，后来悉畀天津和北平的木斋图书馆，卢靖只把《经世文编》留下作为纪念。卢弼的《知止楼杂咏》组诗，记录了卢靖的这段经历："乡僻群书不易求，汉阳估客再三谋。翻雕经世文编本，今日尤藏知止楼。"在《湖北先正遗书序》中，卢弼谈过他与胞兄藏书之不同："弼从政余暇，浏览载籍，博涉旁探，日无宁晷，家兄木斋诫之曰：'世变方殷，不务远者大者，惟考订簿录，校雠讹夺，支离琐碎，奚不惮烦？'弼徐应之曰：'兄曩治算术，设梅、罗、徐、戴诸家著述，得精刊精校之本，事半功倍，当不让李壬叔独步一时矣！'相与狂笑散之。"其实，慎园藏书和知止楼藏书，虽然表面大异其趣，本质却均以实用为指归。

卢靖和卢弼刻书不辍，他们以慎始基斋名义刊有三部丛书——《慎始基斋丛书》《湖北先正遗书》《沔阳丛书》。卢靖公私事务冗繁，无法亲力亲为，故丛书之搜集、选目、甄别、校勘、刻印等，多由更熟悉文献学的卢弼来操持。

《慎始基斋丛书》刻于光绪二十三年（1897）前后，收书 11 种，多是指导治学门径的初学之籍，包括张之洞《輶轩语》和《书目答问》，姚晋圻《观书例》，田明昶《观书续例》，姚际恒《古今伪书考》等。1923 年，卢弼收集散失板片，补刻后在天津重印。丛书最初拟目 53 种，然而未能完成。

1918 年，卢氏兄弟动议辑刊《湖北先正遗书》，以补赵尚辅《湖北丛书》之阙。1922 年，他们合作《四库湖北先正遗书提要》4 卷并《存目》4 卷、《札记》1 卷，作为刊印前的准备。丛书计划分为 3 辑：第 1 辑是《四库全书》收录的 91 种，第 2 辑是四库提要存目的 201 种，第 3 辑是四库提要未著录的。1924 年第 1 辑问世，收书 75 种 720 卷，已入《湖北丛书》者未收，故比计划少了 16 种。所录各书均广择善本，实在无觅才用文津阁本《四库全书》。如郑獬《郧溪集》，所取乃张国淦无倦斋刊本，底本是京师图书馆藏文津阁库本，校以左笏卿藏巴陵方氏抄本、夏润之藏潘氏抄本、杨肖麓藏抄本，泐为校勘记，又在方本补遗基础上增文二篇、诗一首为"续补遗"，并将《宋史》本传冠篇首。仅此一例，即可见版本选择的严格。1923年卢弼谈及这套丛书刊刻时云："家兄木斋，有志刊行，仿畿辅、豫章之先例，踵武林、绍兴之成规，下走不敏，从事搜求。"从中可知他所做的具体工作。

《湖北先正遗书》第1辑出版后，卢弼继续搜求相关典籍，"四方估客，以乡贤遗著至者，虽昂其值无不售"。可惜第2、3辑计划最终落空。能聊补遗憾的是，1926年卢氏兄弟又刊印了《沔阳丛书》12种。两人桑梓观念极强，筹划《湖北先正遗书》时就格外垂注沔阳先贤，他们仰慕的李子铭、张泰来、周揆源、陆建瀛等师友，都有著述收进丛书。

编印三套丛书前后，慎始基斋还刊有《劝学篇》《古辞令学》《木皮鼓词》《未筑余音》等图书数十种，其最著者即严复所译《天演论》。这部影响中国思想史的巨著，光绪二十二年（1896）在天津译竣，卢靖认为北地刻工稍逊，乃将录写稿邮至湖北，光绪二十四年（1898）由卢弼操持刊行，成为《天演论》最早的中译本。

卢弼淡出政界之后，住在北京史家胡同，集中精力撰述《三国志集解》。他每天在书房度过十余小时，寒来暑往从不间断，所读之书密密麻麻写满札记。1926年，余绍宋为绘《慎始基斋校书图》，卢弼以之广征题咏，编有《慎始基斋校书图题词》（1935年）和《慎始基斋校书图续题词暨慎园伉俪六十寿言合册》（1936年），题诗者包括严修、樊增祥、丁传靖、王树枬、孙雄、邵章、陈垣、胡先骕等文人雅士。甘鹏云则写下《卢慎之校书图》绝句五首，其第三云："抱经雅雨精雠校，家学由来有径途。若效南皮判家数，固应先后号三卢。"把卢弼与前辈名家卢文弨（号抱经）、卢见曾（号雅雨）并称"三卢"，可见甘鹏云对其藏书、校书、刻书事业的推重。

1931年九一八事变发生，华北局势趋于紧张，日本人常在北平滋事，卢弼屡受惊扰，不时举家避居天津，住在意租界小马路卢靖家中（今民权路木斋中学东院）。如此次数渐多，卢弼乃起移居天津之念。文献记载他五次售书，最初就是搬家引起的。

卢弼未若卢靖善于理财，没有余资在津建房，于是商请兄长购其藏书。这是卢弼第一次售书，留有《慎之所售书目》手写底册。1936年，卢靖捐建北平私立木斋图书

今大理道32号卢弼旧居

馆，基础就是兄弟俩的藏书。这批图书抗战期间遭毁，劫余1949年后归清华大学图书馆，当时所拟《卢木斋先生赠书草目》，计著录图书2.3万余册，这里应有部分卢弼藏书。

卢弼以鬻书之资，与周树模同时建起两幢小楼，地点在天津英租界新加坡道，因两楼外观有如四所，故俗称"卢家四座"。1933年，五十八岁的卢弼迁居天津（今大理道32号），慎园余藏亦随之移至沽上。另有部分图书、期刊、邸报，则留存在北京亲友处，后经卢弼同意卖给书商郭纪森。这是他第二次售书。

卢弼初到天津安定数年，《三国志集解》撰述也加快。他以多种《三国志》刻本、抄本、校本互勘，反复审定考证，纠正原书之失，订补学人之误。金梁《赠卢慎之序》认为其"实集陈志注解之大成，为古今绝业"。此书1935年完成初稿，1936年交商务印书馆出版，已经打好纸型，旋以抗战中辍。

1937年天津沦陷，卢弼生计日窘。他继续补充《三国志集解》之外，又完成《三国志注引书目》《三国职官录》《三国志地理今释》等。1944年，卢弼因前列腺炎急需手术，第三次售书筹集费用。在天津达仁学院教书的侯仁之，商之寿丰面粉公司总经理孙冰如。孙冰如将款如需奉上，但表示绝不取书，而卢弼说那就不收钱。为了让卢弼尽快医病，侯仁之把书运至岳父张子翔家，后来存到寿丰面粉公司办公室。1949年后经侯仁之介绍，这批书捐给中国社会科学院历史研究所。卢弼长子卢开运为燕京大学教授，家中亦有少量卢弼藏书，抗战期间与书橱一起，都换钱度日了。

第四次和第五次售书在抗战胜利后。《三国志集解》虽早已完稿，但因不断增补需重新抄清。卢弼本来还有撰写《水经注疏》计划，然此时他已渐入晚境，自忖无力最终完成，遂决定售书筹资，全力雇人誊写《三国志集解》。卢弼知道胡适对《水经注》感兴趣，就通过他商之北京大学图书馆，将数十种版本的《水经注》，连同其他善本数百部并归之。在此前后，卢弼又将所藏湖北先贤著述，悉数售给致力鄂省典籍传播的楚学精庐。他向友人徐恕叹述藏书甘苦说："三十年来沧桑陵谷，拙斋藏书数十万卷悉已易主；所藏古籍之善本，因购求不易，又念善本书应归藏得其所，故不求高价，尽以廉值售诸北京大学图书馆，以供治学之士参考。"

1949年之后，卢弼受聘为天津市文史研究馆馆员。他主要做了三件事：一是清理兄长卢靖的文章、序跋、函札等，1955年编印出《卢木斋先生遗稿》；二是1957年《三国志集解》由古籍出版社出版，了却他的一大心病；三是整理个人存稿，油印多种集子。

卢弼晚年吟咏自娱，积稿盈案。他将诗稿连同文章、信函，请人刻写油印，以赠至亲友好。这些集子多成于

1958年至1961年间，包括《慎园诗选》《慎园文选》《慎园启事》《慎园笔记》《慎园丛集》等。助力卢弼的是上海诗人戴克宽，刻版的则有石贡航和张仁友，所为字体工丽，版式精美，代表了特殊时代的文人趣味，堪称油印本中的精品。今天津图书馆另藏《慎园吟草》十卷，为卢弼的自订稿本。藏书家金钺论其诗云："慎园先生所为诗，意无不真，而词则纯任自然，不屑以雕琢堆砌为能，爽朗清切，婉转以尽其致。"

《慎园启事》收录卢弼与友人的通信，为省篇幅仅录内容和时间，前后敬语尽皆删除。信中涉及诗坛人物颇多，堪为诗话之渊薮。尤有趣味的是他与钱基博、钱锺书的通信。卢弼称钱氏父子"学行施北地"（指钱锺书在北京）、"教泽化南风"（指钱基博在武昌）。他对《谈艺录》评价也高，为此作诗给钱锺书："诗人眼底已群空，点缀雌黄便不同。莽莽海天怀旧雨，泱泱大国启雄风。清言如画终无倦，玉屑余音竟不穷。皮里阳秋褒贬在，词坛点将是非公。"1955年，卢弼编定《慎园诗选》，请钱锺书为之作序。

卢弼在天津与崇化学会师生交往密切。金钺与卢弼诗笺往还唱和频繁，龚望则为《慎始基斋校书图》题过诗。学会首届学员、医史专家郭霭春，还被他视为忘年交。1961年，卢弼把郭霭春唤至家中，托其保存《三国志集解》手稿。"文革"中，郭霭春费尽心力，终使手稿幸存下来，1992年捐给南开大学图书馆。郭霭春诗集《残吟剩草》中，录有《卢师慎之先生》七绝三首，其中末首写道："松之以后属卢师，论世原非阿所私。久侍慎园随杖履，愧无寸获负深知。"郭霭春其实无负"深知"。

1966年"文革"初起，卢弼以为年高可保无虞，结果受其子"反动学术权威"卢开运连累，家中遭到查抄。笔墨纸砚，线装书和旧字画等老人聊娱晚景的仅存物什，被当场毁弃。卢弼遭此惊悸重病不起，1967年12月31日与世长辞。

2020年4月15日于饱蠹斋

任凤苞与天春园

天津市山西路186号，与赤峰道交口的地方，有处绿植环合的庭院，浓密的树荫背后，掩映着一幢西洋风格的洋楼，这幢二层庭院式建筑，就是著名藏书家任凤苞的天春园。

任凤苞（1876—1953），字振采。清光绪二年（1876）六月十五日生，江苏荆溪（今宜兴）人。作为近代闻人，他一生身份三次转换——早年投身慈善事业卓有成效，中年跻身银行事业呼风唤雨，晚年潜心方志文献成为收藏巨擘。

任凤苞钟情藏书源于家学。祖父任溥霖，曾任江苏丹徒训导，是个辅佐知县抓教育的小官，著有《学寿主人偶稿》；

任凤苞（任嘉孚提供）

父亲任锡汾，官至四川省川东道，著有《拙叟诗存》。

清末祸乱频仍，饿殍遍野。任锡汾同情灾民，于光绪十三年（1887），与经元善等发起成立上海协赈公所，后来成为江南义赈中心。任凤苞幼入私塾读书，随父亲宦游南北，对慈善活动也很热衷。他初为光禄寺署正候选郎中。光绪二十七年（1901），以江西候补道身份，参与陕晋苏浙等省赈灾。光绪三十年（1904），和父亲任锡汾一起，积极筹建上海万国红十字会，成为中国红十字事业创始人之一。

其后，任凤苞转任直隶候补道、邮传部路政司行走丞等。

民国肇建，任凤苞随父寓居北京。1915年，经由袁世凯总统府秘书长、交通银行总理梁士诒举荐，任凤苞出任交通银行协理，并为全国铁路协会评议员，逐渐成为交通系重要人物。同年，中国银行和交通银行筹组新华储蓄银行开业，任凤苞任董事。1916年袁世凯垮台，梁士诒遭通缉逃往海外，任凤苞兼代交通银行总理。1917年1月，曹汝霖接任总理职，任凤苞仍任协理。同年5月，他参与创办金城银行并任董事，又为盐业银行董事。1918年1月，参与创办中华汇业银行并任监事。1919年4月，参与发起中华银公司。1921年11月，交通银行发生挤兑风潮，曹汝霖以各方责难请辞，任凤苞亦因之离职，出任新成立的中南银行董事。

1928年，任凤苞迁居天津法租界萨工程师路（今山西路），在金城、盐业、中南等银行任职的同时，把更多精力投向方志收藏事业。1937年天津沦陷，盐业银行总经理吴鼎昌出任黔省主席，由任凤苞代理董事长兼总经理。因与华北政务委员会的头脑很熟，几家银行凡有棘手之事，均请任凤苞出面应付。1945年抗战胜利，任凤苞继任盐业银行董事长，同时兼四行（盐业、中南、金城、大陆）储蓄

今山西路186号任凤苞旧居

会与四行信托部执行委员。

　　任凤苞很早就热衷古代典籍。他自述藏书经历云"少小粗解文字，即好聚书"，但是疏于版本和学术，因此也走过弯路，"初亦博取无所择，既而病其泛也，则约之于乙部，又约之于地理，又约之于地理中之方志"。晚清民国的慈善业、金融业经历，使任凤苞对民生和国计的了解远超侪辈，其图书收藏也逐渐改掉"泛"的毛病，由经史子集全面开花转而专注史部，既而又缩小到史部地理类，最后仅仅锁定在地理类的方志，广求博聚，乐此不疲。任凤苞对方志的认识十分深刻，他说："方志一门为国史初基，典章制度之恢闳，风俗士宜之纤悉，于是备焉。"他是把方志放到了事关家国的高度来认识的。

方志作为记载某一地域之自然与社会的历史与现状的综合著述，举凡建制、沿革、疆域、山川、名胜、物产、灾异、艺文、教育、风俗、语言、人物等，几乎无所不包，因而被誉为"一方之全史"。中国历代方志卷帙浩繁，作为中华文献的特色组成部分，晚近以来日益受到研究者和政治家重视，并培育出任凤苞这样的藏志大家。

任凤苞藏书的年代，列强入侵，军阀混战，各地的方志大量散入民间，为其购藏珍善之本提供了机遇。据版本目录学家雷梦辰回忆："任氏尤喜地方志和明代闵刻本书籍，凡欲得而失之交臂者，必设法借原书抄录。"任凤苞在瞿宣颖《方志考稿》序言中也有夫子自道："闻有异箓珍籍，虽在写远，必百方钩致而后快……所藏诸志先为编目，所未见者，百计访求。友朋驰讯，必以相属。北极穷边，南届海澨，邮裹络绎，寝以日多……分别部居，厘然不杂，且蓄志搜集，久而不懈。"除了委托亲友朋侪、银行职员代为搜求，任凤苞还常年出没于京津的古旧书肆。由于肯出高价，书贾也慕名登门，这让任凤苞的方志收藏规模日增，而且得到不少珍贵的善本、孤本、抄本甚至残本。

民国时期，喜欢收藏的银行家为数不少，任凤苞自然也属这"多金"藏家中的一员。

1941年，他以天价购得明景泰本《寰宇通志》全40册，堪称书林佳话。此书乃明代官修地理总志，永乐年间即开始编纂，至景泰年间才最后成书，版本极为珍罕。该书原藏正定县某地主家。这位土财主对典籍一窍不通，就把书拿到书肆求售。书估一看确是好书，张嘴开价500元。当时买卖方志类图书，经常用拐杖来度量，一拐杖高给银若干，根本卖不上价钱。书估的出价让地主很意外，遂奇货可居携书而归。卢沟桥事变之后，地主全家迁居北平，其后诸子析产，此书也被拆散，每人各得数册。儿子们对书缺乏兴趣，于是陆续售出，流散到北京琉璃厂的修绠堂、文殿阁及天津的文运堂等书肆。文运堂经理王鹏九很快看到背后的商机，将流散各册配成全帙，以两根金条（二十两）的价钱卖给任凤苞。这事当时就引起轰动，因为方志还从未卖过如此的高价。

任凤苞还买过三部残本方志：原抄本《康熙大清一统志》、清殿版《方舆路程考略》和《皇舆全览》。这三部书都是孤本，被任凤苞慧眼识别购得，并刻"三残书屋"朱文方印，钤在这三部书上，成为天春园的特藏。张国淦在《天春园方志目序》中，道出了任凤苞藏书的苦乐："乃瘁心力以专致者三十年，闻有异椠珍籍，虽在夐远，必百方购致之而后快。若明弘治《八闽通志》，嘉靖《南畿志》，隆庆《云南通志》，万历《镇江府志》《徐州志》，海内号为孤本者，天春皆囊而有之。"

天春园收藏的方志，在民间藏家中首屈一指。1935年，朱士嘉出版《中国地方志综录》，记其所睹任凤苞藏志1517种，数量居私家之首。1936年，任凤苞自编《天春园方志目》，著录藏志2536种；今藏天津图书馆的任凤苞藏志则有2591种，约占现存中国方志总量的三成。任凤苞藏志有三大特点：一是种类多，如一统志、省通志、府志、厅志、州志、县志、镇志、乡志等；二是地域广，涵盖清代22个省份，其中直、苏、晋、鲁、川、浙各省志书都超过200种，还有关于新疆、西藏等的志书；三是质量高，明代方志有40余种，其中天顺《大明一统志》、景泰《寰宇通志》、弘治《八闽通志》、嘉靖《南畿志》、隆庆《云南通志》、万历《镇江府志》和《徐州志》皆是稀世之珍，清代刊刻的方志名著天春园都有收藏，乾隆以前稀见刻本和抄本也有一定数量。

任凤苞藏志很为学者文人称道。北洋政府国史编纂处处长瞿宣颖编写有《方志考稿甲集》一书，对600多种天春园藏志进行了考证。他对任凤苞评价极高："任公世富藏书……往往有环异，为北平图书馆所未有者。且侧重近著，而不虚慕好古之称；切于实用，尤非寻常藏书家所及。"张国淦在《天春园方志目序》中则认为，天春园藏志"于北，则北平图书馆差足伯仲；于南，则涵芬楼犹或不逮。至私家庋藏，若吴兴刘，杭县王氏，抑非其伦也"。北平图书馆即今国家图书馆前身，涵芬楼则是商务印书馆附设的善本藏书楼，两馆一南一北均为当年地标，天春园能以私藏与之比肩，可见任凤苞的收藏实绩和巨大影响。王謇在《续补藏书纪事诗》中咏任凤苞云："南北第一天春园，山经地志不胜繁。贡诸中秘道山去，老仆犹识冰玉魂。"在小注中王謇专门解释说，任凤苞"专收集方志，以数十年之精力，所积孤本甚多，为南北第一"。王謇还讲了一件趣事，说任凤苞有位老仆，专门为他管理图书，颇能识别方志版本，至书肆每娓娓而谈，闻者多目为学者。这也算是近朱者赤吧！

学人称道的天春园藏书楼，据文献记载始建于宣统三年（1911），1921年进行过改造。1928年任凤苞自一法国人手中购得。建筑面积1131平方米，砖木结构，外檐水泥饰面，局部红砖清水墙。红瓦坡顶，错落有致，上开天窗。入口为拱形门洞，立面中部前凸，上设三角形雨厦。二层右侧夹角处，有水泥护栏阳台。关于天春园的命名，旧云取自唐代诗人施肩吾的诗句，其《下第春游》云："羁情含蘗复含辛，泪眼看花只似尘。天遣春风领春色，不教分付与愁人。"任氏外孙陈文渊先生则称，任凤苞在京时居铁狮子胡同，其宅旧为明末田贵妃母家，号曰天春园，藏书处之名应源于此。任凤苞因天春园而自号"天春园主人"。

在民国藏书家中，任凤苞堪称奇特。他酷嗜藏志，好之不倦，却很少阅读。但天春园藏志，不为装点门面，附庸风雅，而是要裨益研究，以求实用。任凤苞从未将图书视为私财秘藏，而是经常借给各地图书馆、省志局以及方志学家进行交流，而且还允许传抄甚至翻印。前述著名方志学者瞿宣颖、张国淦、朱士嘉等，研究上都曾得益于天春园藏书。另据侯仁之《唯有书香传后人》一文回忆，他抗战期间寄居天津，完成《北平金水河考》和《天津聚落之起源》，"研究中获益最大于得到前辈学者、私人藏书家任振采先生和金梁（息侯）先生的支持，慷慨以珍贵藏书史料惠借，嘉惠后学。乱离之世，因缘有自"。由此可知，天春园藏书对尚无名气的后辈学人也是开放的。又明代大理人李元阳（号中溪），著有《云南通志》，其万历刻本20世纪30年代现身北平，被任凤苞以2200元高价购归。滇省主席龙云，特派文献学家方树梅联络，最后得到晒印蓝本一部，交云南通志馆排印发行。1935年方树梅北上访书，专程到天津拜访任凤苞。据其《北游搜访滇南文献日记》记载，4月8日拜访方药雨、王人文之后，"折法租界访任振采，因往上海不遇。振采藏明李中溪《云南通志》，余代购云南各府厅州县志，曾晒印蓝本李修通志酬余。今来访不遇，殊怅怅也"。对任凤苞当年的慨赠，方树梅念念不忘，为此次没能谋面感到失落。

任凤苞虽然家资丰裕，但藏书保存亦自不易。据其后人回忆，20世纪三四十年代，战火不断，社会动荡，天春园之书受到日、美方面觊觎，几次欲出重金收购，均被任凤苞严词拒绝。一次日本人制订计划，拟强行接收天春园藏志，任凤苞提前得到消息，火速将志书转移，秘藏在中南银行楼上，以此逃过一劫。

任凤苞藏志编有《天春园方志目》。藏书印有"任振采所收方志之一""任氏振采"等。任凤苞的晚年，经济亦走向困顿。据雷梦辰《近代天津私人藏书述略》记载，他将所藏闵刻书籍，经陶湘介绍售给伪满洲国银行总裁荣厚；方志之外的其他各书，则在新中国成立之初售归燕京大学图书馆。

除了慈善家、银行家、藏书家这些桂冠，任凤苞还堪称美食家。他用鱼和鸡蛋，烹制出著名的天津公馆菜"赛螃蟹"，时人认为可与潘复（北京政府总理）家的"潘鱼"、沈昆三（上海英美烟公司董事）家的"赛鱼翅"并美。另据彭长海《北京饭店的谭家菜》记载，20世纪二三十年代，北京最有名的私房菜有三家——军界的"段家菜"（段芝贵）、银行界的"任家菜"（任凤苞）、财政界的"王家菜"

今马场道148号任凤苞旧居

（王绍贤），而现今声名鹊起的"谭家菜"，当时尚未引人瞩目。

1949年天津解放。此时任凤苞仍是名义上的盐业银行董事长，并成为天津市人民代表。1951年，山西路宅卖给天津市电车公司做职工宿舍，同年自陈姓工程师手中购得马场道宅。其人生的最后时光，就是在今马场道148号度过的。天春园藏志2500余种2万余册，1952年11月经周叔弢动员无偿捐给国家，绝大部分归入天津市人民图书馆

（今天津图书馆），另有少量赠予中国科学院地理研究所。据天津图书馆资料显示，该馆藏有方志3686种，其中任凤苞捐献者2591种，占总量的七成。今日天津图书馆以藏志闻名，任凤苞自是功不可没。为使天春园藏志早日与学者见面，国家图书馆文津书店与天津图书馆历史文献部共同开发，遴选出100种善本方志，定名《天春园藏善本方志选编》，2009年10月由学苑出版社出版。

1953年1月21日，藏书捐出未久任氏即归道山，享年77岁。一代藏志名家，生命最终在天津马场道定格！

2017年7月2日于四平轩

金梁和瓜圃

天津市重庆道民园体育场对面，有一排意大利风格别墅，其中52号是清朝遗老金梁旧居，也是他的藏书室瓜圃之所在。

金梁（1878—1962），号息侯，又作小肃，满族瓜尔佳氏。清光绪四年（1878）金梁生于杭州新龙巷，父亲凤瑞为旗人驻防将军。金梁幼受良好教育，雅嗜书画，博通诗礼。光绪二十四年（1898），他以弱冠之年上万言书，请慈禧太后"杀荣禄以谢天下"，一时"以忠直名海内"。光绪二十七年（1901）中举人，三十年（1904）成末科进士。金梁之科甲同年，社会名流颇多，如谭延闿、蒲殿俊、沈

金梁

钧儒、汪士元、汤化龙、曲卓新、张其锽、王揖唐、刘春霖、黄远生、商衍鎏、关赓麟、王季烈、苏舆、姚华、章梫、邢端等。金梁初入进士馆学习，肄业后授内阁中书。因他早已名满京师，而且能力超拔，故职官迁转很快，先后任京师大学堂提调、北京外城巡警东厅知事和内城巡警左厅知事、民政部丞参、奉天旗务处总办、新民知府等。1912年民国建元，出任哈尔滨《远东报》主笔，未久回到沈阳。1913年至1914年，受张作霖之邀为张学良的家庭教师。其后又以张之举荐，任北京政府农商部秘书、暂代奉天省清丈局局长、奉天省政务厅厅长和洮昌道尹等。

　　20世纪20年代，金梁有过两次重要文化活动。一是1922年4月，协助学者罗振玉自北京同懋增南纸店抢救出14万余斤明清内阁大库档案。其《内阁大库档案访求记叙》回忆说："同懋增纸店实购自历史博物馆，八千袋费金四千，将运往定兴县纸坊重造纸料。闻之大惊，乃定期约雪堂、沈庵偕往同懋增，则谓车运造纸已过半矣，仅检留数袋，立许五百金携归，并嘱速追余件，当三倍其原值酬之。往返兼旬，居然陆续运还，堆置彰仪门货栈卅余屋，连前后五院露积均满，高与檐齐。"这批档案经辗转倒卖，有部分流失日本。二是参与《清史稿》编纂和刊刻。金梁利用刊书之便，增删改动了部分内容，还以所积史料编印《清帝外纪》《清后外传》《清宫史略》等，招致参与《清史稿》纂修者的非议。伦明《辛亥以来藏书纪事诗》咏金梁曰："试从四库溯渊源，续目校刊久对论。清史稿成清学录，辽阳旧梦待重温。"诗中批评的也是此事。无论是抢救内阁大库档案，还是刊刻《清史稿》，金梁均卷入舆论中心。现在回头审视，其所作所为保存了大量史料，时人之批评未免苛刻。

　　金梁与天津关系密切，连续寓居二十个年头。光绪二十九年（1903），他赴开封参加科考，试后乘船北上天津，再由天津返回杭州。翌年金梁以进士入仕后，虽长居北京和沈阳，但频繁往来天津。他与《大公报》创办人英敛之友善，为该报撰有众多稿件。其《光宣小记》述云："时《北京日报》方新刊，销行未广。众皆阅天津《大公报》，为吾友英敛之华创设，余亦曾参笔政，风行一时也。"1912年清帝逊位，金梁以遗老自居，积极奔走复辟，被溥仪召入内廷，授为内务府大臣，又以侍读身份赐少保衔。1913年，金梁短暂寄寓津门，与袁大化、张人骏、张勋、铁良等交游。1921年，参加严修创办的城南诗社。1922年，又网罗在津遗老组织俦社。1925年溥仪来津之后，他更是时往张园和静园晋谒。同年，清室善后委员会清理文物，发现溥仪、金梁、康有为、庄士敦密谋复辟文件，金梁的奏折见诸报端，迫于舆论压力暂时隐遁天津。1927年王国维投湖，撰《王忠悫公殉节记》和《王忠悫公哀挽录》，由罗振玉设于法租界嘉乐里的贻安堂经籍铺刊行。

1928年皇姑屯事件之后，金梁被张学良召赴沈阳，任奉天通志馆总纂、东三省博物馆馆长等。1931年9月19日，九一八事变的第二天，金梁夫人李宜卿即与孙子关龙志、关龙喜、关龙吉避走津门。11月初，金梁亦将著述稿留于沈阳，携博物馆内府印玺等也来到天津，赁居英租界爱丁堡道（今重庆道52号）。1931年11月，金梁参与策动溥仪潜赴东北。金毓黻《静晤室日记》记云："先生本居沈阳，九一八后离沈来津……素以清室遗臣自命，而未肯受伪命，亦至不易。闻其夫人劝阻之效，或云其女公子阻之，未知其审。"因人事倾轧及家人反对，金梁拒任伪满官职，在民族大义面前做出正确选择。

金梁初寓津门时郁郁寡欢，在孙辈怂恿下，他检出原存北京的日记等，摘录整理成短文，拟名《光宣小记》。他在书叙中谈此时境况云："辛未秋，东事起，余孑身至津，闭户养疴，不问世事，谣诼颇多，是是非非，皆置不辨。惟书画旧藏，残稿零札，未及携带，长日无聊，殊难遣闷，偶返故都，检旧箧，得昔年日记数册，皆光宣间所笔记，遂择有关朝章国故者，撮录成编，题曰《光宣小记》。"

此后，读书著书成为金梁"日课"，也造就了他学术的巅峰。1933年，《光宣小记》《清宫史略》及《御玺谱》出版。1934年，《满洲老档秘录》重印，《清帝外纪》《清后外传》《光宣列传》《近世人物志》出版。1935年，《瓜圃述异丛刊》第三版出版，又修订吴庆坻《辛亥殉难记》，由成文出版社出版。1936年，《瓜圃述异》和《灵感志异》合刊出版，又撰《天人通》《四朝佚闻》等。金梁在东北和天津编撰的十余种图书，常年由天津大公报馆以及北京、上海的书店代售。郑逸梅《纸帐铜瓶》评述《近世人物志》云："选取翁同龢、李慈铭、王闿运、叶鞠裳四家所记载的名彦……凡六百人。虽述而不作，在文史上是有相当贡献的。"

金梁为表示疏离政治，频繁参与城南诗社和俦社的吟咏及其他各类文事活动。1934年，曾任司法部次长的恩华，持《图侯纳凉图卷》求金梁题跋，他为书绝句一首："书里早作筹边使，况是通侯文武才。回首横戈穷塞主，凄凉乌里雅苏台。"图侯指的是图桑阿，授封昭武侯，曾任乌里雅苏台将军。寄居天津的王季烈、陈曾寿、许宝蘅、邢端等，也题咏了这幅图卷，洵为沽上文坛之佳话。1936年，金梁赴天津城南郊游，与同为藏书家的卢靖、卢弼兄弟邂逅，不久他作《赠卢慎之序》云："今春修禊城南，不期而遇，则皤然如老宿儒也。正吾意中之慎之，而向所疑为新学者实非。一见如故识，高谈雄辩，不复顾四座之惊，惟互馨生平，以志快慰而已。"卢弼《单云阁诗集序》也记录了与金梁的交往："余旅居天津，胡季樵宗楙、章一山梫、金息侯梁，同作流人，时时唱和。"1937年2月，金梁即将迎来60岁生日，他作《六十自述诗》广征唱和，张元济、郑孝胥、靳仲云、江亢虎等都有所作，甚至还包括德国人福克斯。张元济《和金息侯六十自述诗》云："我自识公逾卅年，久闻忠孝两堪传。家声未替终臣满，母教难忘旧纸钱。老去情怀聊学圃，少时心事欲擎天。一腔热血今犹昨，漫说南阳只苟全。"赵元礼《藏斋诗话》谈及金梁的诗："金希侯少保《春柳》警句云：'刺史植称恐有荫，先生归去已无家。'盖自伤身世漂泊也。又句云：'不才幸免明君弃，顾影翻怜识者稀。'亦颇肖金之为人。"

1937年天津沦陷后，金梁满族瓜尔佳氏转为汉姓，易名关介之。他时遭日特骚扰，迫其担任伪职。金梁乃时邀名伶名票金幼琴、杨慕兰、章遏云等至家，以"玩票"搪塞土肥原等的纠缠。这一时期其学术成果无多，仅1942年编撰出版《清史稿补》和《清诗补》，再就是为数不多的序跋文字：1941年为林修竹《澄怀阁词》作序，1942年为郑孝胥《海藏书法抉微》作序，1943年为陈一甫《李育仿古山水册》和为石永茂《大学论语中庸三经正》作跋，1946为陶百运《说文古孳乳考》作跋。

1947年12月，金梁因时局不靖，迁居上海西摩路，住在女婿关富权家，与书法家谭泽闿比邻。为了降低开支，天津寓所居住权亦兑出。1949年秋，金梁回到天津，住今河北路润兴里14号。润兴里为两幢相对的联排别墅，建于1936年，是关富权的房产，现建筑乃落地重修者。

1950年金梁迁居北京，任国家文物部门顾问。他集中精力整理北京地区史料，编撰油印小册子多种，并寄各图书馆收藏。他1952年撰《三坛》《大北京》《雍和宫》，1953年撰《天坛志略》《雍和宫志略》，1955年编《台湾史料二编》，撰《北京宫殿志》。1962年12月27日，金梁在北京去世。

今重庆道52号金梁旧居，三层带半地下室，建于20世纪20年代，现为天津市历史风貌建筑。金梁题书斋曰"瓜圃"，与其家世大有渊源。其《瓜圃丛刊叙录》云："家父所刊丛书，以关于掌故者为多，原拟名《国故零刊》。瓜圃为龙湫故园名。先曾祖父别号瓜亭，著有《瓜

今重庆道52号金梁旧居

亭杂录》。先祖父偶亦自署瓜山。家父曾于盛京东陵辟地种瓜，用故园名自号瓜圃老人，遂以改题所刊丛书曰《瓜圃丛刊》，皆取义于瓜尔佳也。"金梁《光宣小记自叙》中，对这处居所有所描述："今津楼卧室方不及丈，局促如囚，尝自书小联悬诸壁，集句曰：'自作孽，不可活；身将隐，焉用文。'深夜幽思，耿耿不寐，乃复草此记事，与世相见，徒招笑骂，其终亦不免于自文欤！"

金梁出身满族世胄，家中代有藏书。然杭州家中所存，辛亥间数次遇盗，图籍及金石书画损失殆尽。金梁终生嗜书。光绪三十年（1904），他在京参加殿试初游琉璃厂，购得汲古阁覆宋本《陶渊明集》、宋刻残本《杜工部集》，还有傅青主父子批校之《汉书》等，结果倾囊而归，被同年笑为"书痴"。金梁藏书"以地志为多，此外不论版本，见有名人批校，其佳者往往留之"。晚清民国之际，清宫天禄琳琅藏书流散，金梁得元刻《新入诸儒议论杜氏通典详节》等多种，王国维跋之云："癸亥四月奉召入都，下榻息侯先生斋中，息侯出示所收天禄琳琅诸残本，因书其后。"1943年，金梁得岳飞书司空曙诗真迹，题曰"武穆圣迹"，又作跋曰："岳武穆草书真迹卷轴，同润穆若汉风，书法得晋唐人神趣，观之爱不能释……狂喜急起，亟恐匆失。"此外，金梁还有机会购入学者李慈铭藏书，结果一时犹豫失之交臂。1918年，李慈铭子李承侯去世，族人欲售所遗李氏藏书，拟有《越缦堂书目》待沽。金梁在书目上跋云："癸亥孟秋，陶心云先生之公子殷勤作介，索直万金，余以书在会稽，取读非易，不能遽决去留。"金梁还嗜藏御玺、御容、御笔，其《御玺谱》为每方印撰有注释。甚至经济拮据时，他还出售钤印本："旧藏有清宫玉宝多方，意义摹拓，甲乙题篆，御玺谱每册廿元，御玺谱条每件十元。"

金梁藏书总量未见记载，仅知所居一楼瓜圃书斋，清一色是高大书架，二楼卧室有盛书之樟木箱数十只。金梁藏书时有赠出者。1925年，将缪公恩《梦鹤轩楳澥诗钞》稿本送给其曾孙缪润绂。1933年，将张镇芳殿试卷璧还给张氏本人。1951年，苏联、德意志民主共和国归还中国《永乐大典》，周叔弢、张元济、张季芗、徐伯郊、陈李蔼如、赵万里等随之广献私藏，金梁亦捐《永乐大典》一册给北京图书馆（今国家图书馆）。

金梁藏书主要去向有三个：一是天津解放前夕由其子

关东伯携至台湾，后经新加坡运到美国，今哈佛大学图书馆所藏当即此；二是1950年由金梁携至北京，生前大都售给西单商场旧书肆；三是留在天津由其孙关龙喜保藏。关龙喜初在邮政储金汇业局工作，书存于该局员工住宅多伦道储汇村，后来移至河北路润兴里，"文革"中少数被烧，多数在木盆中浸烂埋入花池，其中包括金梁《大北京》《雍和宫》《三坛》等手稿。金梁藏书也有零散流入民间者。1956年，学者李世瑜在天津书肆得金梁1924年和1925年日记抄本，整理后刊于《文史资料选辑》第13辑，名曰《遇变日记》。天津图书馆历史文献部今存金梁资料四厚册，据云乃后人所捐，详情已不得而知。

金梁书法"高古绝伦"，近年拍卖会上时有所见。其寓居天津期间，京津沪报纸常刊其润格，除了书联、书扇，也有撰制碑传志序及题跋的收费标准。1932年《申报》所刊，还有"携眷避津，鬻文为活，不问人事，既不卖国，亦不卖主"字样。天津书法家吴玉如、齐白石女弟子刘淑度、回族书画家马西园等，都曾从金梁学书。

2021年4月19日于负晴轩

袁克文与百宋书藏

　　袁克文，河南项城人，袁世凯次子。他才艺超群，雅玩无数，四十一岁的人生充满传奇。他无意之间，成了泉藏家，成了集邮家，成了民国时期不可复制的藏书家。

　　袁克文（1890—1931），字豹岑，又作抱存，号寒云，小名招儿。清光绪十六年（1890）袁克文生于汉城（今韩国首尔）。生母金月仙是朝鲜人，袁世凯的三姨太。袁克文称其出自"三韩望族"，但据袁世凯传世家书，她只是个婢女，本名叫云溪。

　　袁克文出生后，由嫡母沈氏抚养，娇惯恃宠，养成贵公子习气。他从不认真读书，但聪慧过人，过目成诵，十

袁克文

岁能文章诗赋，被誉为神童。光绪二十八年（1902），直
隶总督署迁天津，袁世凯聘严修、方地山、董宾古等教授
诸子，袁克文学识益增，并以此与文章词翰和古董器物结
缘。尤其在严修提点下，其书法迅速精进。光绪三十年
（1904），入天津北洋客籍学堂，受到监督孙师郑教诲。光
绪三十三年（1907）袁世凯出任军机大臣，袁克文随父入
京，翌年以荫生为法部员外郎，这是他一生中仅有的官
职。宣统元年（1909），袁世凯被放归洹上，袁克文亦弃官
随居。1912年民国建元，袁世凯出任大总统。不久袁克文
与父亲发生误会，携款10万元跑到上海，花光之后才回北

京，其间他花重金买得青帮身份，行辈超过上海滩大佬黄金荣、张啸林及杜月笙。

袁克文耳濡目染，自幼喜欢戏曲。他虚心向孙菊仙、程继先、肖长华、程砚秋等求教，"度曲纯雅，登场老到"，成为戏曲名票。他与欧阳予倩、梅兰芳、马连良、俞振飞等同台演出，论者认为不逊名伶。袁克文酷嗜李玉《千钟禄》传奇，演出时他饰建文帝，剧中《倾杯玉芙蓉》曲被他唱得悲凉凄楚："收拾起，大地山河一担装。四大皆空相，历尽了渺渺程途，漠漠平林，垒垒高山，滚滚长江。但见那寒云惨雾和愁织，受不尽苦雨凄风带怨长。雄城壮，看江山无恙，谁让我一瓢一笠到襄阳？"袁克文后来偶得北宋《西蜀寒云图》，又联想到曲子中的"寒云惨雾"，索性以"寒云"自号并题一联："差池分斯文风雨高楼感，收拾起大地山河一担装。"

1915年袁世凯酝酿帝制，袁克文广结名士，放歌北海，作下《感遇》两首，其中有"绝怜高处多风雨，莫到琼楼最上层"之句，据刘成禺《洪宪纪事诗本事簿注》载，受命监视他的诗人某，以此向袁克定检举，说有反对帝制之意。袁克定遂禀知袁世凯，将袁克文软禁于北海。

1916年袁世凯死后析产，袁克文分得16万元。为了躲避袁克定，他再次避居上海。自此直到去世，袁克文虽然家在天津，但有钱就到上海花，没钱再回来想办法。1918年他败光遗产回到平津，接受袁世凯托孤的徐世昌，急得要拿拐杖敲断他的腿。

1919年袁克文又到上海，花钱有若流水，生计日益窘迫，所藏古籍等典售殆尽，但他绝不向人告帮，而是卖字聊饥。袁克文行事豪爽，本性真纯，颇有可爱之处。字卖得不好时，他也不摆架子，干脆降价促销，曾一日出手40副对联。

1924年袁克文回到天津，住英租界五十八号路两宜里，其间他加入同咏社，与张季鸾、刘云若、王小隐等交游。山东军务督办张宗昌，出价1000元求他写中堂，因纸张过大屋内展不开，他就铺到巷子里，手持大号抓笔站着完成。其时京津沪报刊，常约他写掌故文章，因多涉政界秘辛很受欢迎。1927年3月，张宗昌以3万元交袁克文到沪办报。结果不到半年款项变成邮票，未久因生计艰难，袁克文又把邮品以不到半价售出，结束了短暂的集邮家生涯。

1927年夏袁克文又拟北返，当时他已典当俱尽，于是又自订笔单卖字："三月南游，羁迟海上，一楼寂处，囊橐萧然，已笑典裘，更愁易米，拙书可鬻，阿堵傥来，用自遣怀，聊将苟活。"一时顾客盈门，有钱之后他又暂住下来。袁克文顶着"皇二子"名衔，更兼身负才艺，故在沪上颇有影响。很多小报馆邀他写报头，出版社则请他题签作序等。作家陶寒翠，写了部《民国艳史演义》，封签就是袁克文所题，结果出版后他懊悔不已，原来书里边大骂袁世凯。1927年冬，袁克文终于回到天津。

袁克文收藏古籍深受方地山影响，两人数十年交契如一，最后师生成了儿女亲家。他还拜藏书家李盛铎为师，半年后版本目录之学精进，试举一书"皆能渊渊道其始末"。袁克文不吝钱财，故藏书起步很高。1912年，盛昱郁华阁珍藏数十种售归完颜景贤，旋即悉数转给袁克文，包括宋版《方言》《群经音辨》《老子道德经古本集注直解》《绝妙词选》《册府元龟》《蜀贤丛书》《文选注》《周礼注》等，另有数十部元刊、明刊和精抄本。其中南宋绍熙刻本《礼记正义》、嘉泰刻本《于湖居士文集》均为海内孤本。藏书家耆龄所藏汲古阁抄《古文苑》《宋高僧诗选》《酒边词》《琴趣三编》《宋丞相李忠定公奏议》等，也均归了袁克文。

袁克文所收多名门故物，素为藏家推重。1914至1916年，是他藏书的鼎盛期。袁克文广求宋元佳椠，无论贵贱咸收之，北京海王村为之刮起佞宋风。学者伦明记其搜书之疯狂云："袁寒云克文，于乙丙间大收宋椠，不论值，坊贾趋之，几于搜岩熏穴。"1915年，沪上有售毛晋影宋刊本《汉书注》者，字体遒劲，笔画嶙然，袁克文以3000元争得，题跋说"披阅一过，头目俱爽"。另外他还以3000元购下杨守敬得自日本的宋刊小本《莲华经》。数载之间，袁克文萃集了卢文弨、莫友芝、吴昌绶、邓邦述等名家精椠数百种，其聚书之速和藏书之精，大藏书家傅增湘亦自叹弗如。傅致信张元济说："久未见书，厂市殊寂寥，然袁豹岑以重价招之，恐此后难以他售矣。印臣之毛抄、授经之宋元，亦陆续由湘介绍归之，湘之《韵补》亦归之。"1917年，袁克文又收得宋巾箱本《周易》《尚书》《毛诗》《礼记》《周礼》《孝经》《论语》《孟子》等，这八部经书字画规整，细如发丝，精丽无比。他专辟"八经阁"储之，一时观者云集，誉为"建本之至精者"。袁克文藏书多得徐森玉帮助，其日记常载有徐氏赠与或代购书籍，包括宋本《北山录》《白石道人诗词》及敦煌四六文残卷等。

袁克文不仅富于收藏，而且精于鉴赏，勤于著述。但他贵公子习气，对这些既深爱又不重视，兴趣转移，可随时弃置。其个人撰述，刊出者亦零编碎简，经见者稀。袁克文宋本书提要稿，死后才由周叔弢影印为《寒云手写所藏宋本提要二十九种》。书由方地山题签，周叔弢作跋，略述印行本末。黄裳《来燕榭读书记》中述及此书："云写记至详，凡板刻，初、后印，装潢，收藏印记等，莫不一一记之，可见得书欢喜之状。惜其未几而流散也。此为叔弢先生印本。先生印书甚多，皆罕流传，此本尤甚。"堪称幸运的是，当年袁克文藏书，大都随手题跋，所藏虽早已流散四方，然以版本佳善，至今多存世间。李红英倾心寻访袁氏题跋，结撰为《寒云藏书题跋辑释》公开出版，使袁克文古籍版本研究实绩，变得日益清晰起来。

袁克文藏书印已知者有：袁克文、袁二、袁、克文、克文私印、袁君小尔（玺）、袁寒云、寒云、寒云文人、寒云小印、寒云藏书、寒云秘籍珍藏之印、寒云鉴赏之鉨、上第二子、璧珴主人、三琴趣斋、孤本书室、八经阁、虎豹窟、云合楼、后百宋一廛、百宋书藏、弼宋书藏主人廿九岁小景、佞宋、人间孤本、徒吾所好、惟庚寅吾以降等。

俞逸芬《寒云小事》谈其师袁克文云："搜罗之广博，考证之精审，皆足以自成一系统。……所藏宋本几二百种，因自署'皕宋书藏'，百城坐拥，殆驾黄荛圃'百宋一廛'而上之。"此说流传甚广，谓袁克文争胜黄丕烈（号荛圃），意欲凌驾其上。然观宋刊《友林乙稿》袁克文题跋："予因慕荛翁为人，兼获其遗藏，故名藏书之室曰'后百宋一廛'。近王子冰铁见而陋之，为予刻印影且题其额曰'皕宋书藏'。予藏宋本虽已逾百却未盈皕，曷敢妄自张夸，然多王子之厚情，乃易名曰'百宋书藏'，以纪不忘，已觉恶颜之甚者也。"可见他对黄丕烈恭敬有加，所谓"皕宋书藏"乃友人所封，他则更愿以"百宋书藏"自称。袁克文还曾请画师吴观岱在宋刻黄跋《详注周美成词片玉集》护页上，摹写黄丕烈小像并题诗云："烦君山水云烟笔，写此瞻闻博学人。四海八荒空吊影，一廛百宋易成尘。两朝小集留鱼史，十卷青词考蔡陈。更有第三挥麈录，鬓眉得识画中真。"此亦可见袁克文对黄丕烈的追慕。

袁克文藏书随聚随散。1916年袁世凯去世后，他的日子越来越不好过。虽然也学收藏家声口，刻有"寒云子子孙孙永保""与身俱存亡"之类印章，但生活真的难以为继时，他还是将珍藏的古籍善本让出了。袁寒云最有名藏品，无过于宋刊《唐女郎鱼玄机诗》，此为黄丕烈旧藏，又有曹墨琴、张佩珊、玉井道人及汪碧云题词，谓之"四美"。袁克文当年购得时叹为"无价之宝"，后因急需现款，连同古币一箧抵押给了丁福保。傅增湘闻讯许以高价，他又将书赎回卖给傅增湘。伦明《辛亥以来藏书纪事诗》云："一时俊物走权家，容易归他又叛他。开卷赫然皇二子，世间何事不昙花。"此书现存国家图书馆，书中钤印"上第二子"，而非世俗所说"皇二子"。

20世纪20年代前半期，居于上海的袁克文生计日窘，所藏珍本多被傅增湘、丁福保、叶德辉、刘承干、李思浩、朱文钧、潘宗周等收去。其中潘氏所得为多，包括宋刊《礼记正义》《公羊经传解诂》等；朱氏所得后多半归北京图书馆。

袁克文在津居所已知至少三处。他早年随家人住大营门袁家大楼，旧迹今已无存。后来常居地纬路袁家花园，子女多在这里出生。这里也是其在津藏书处，因曾偶得商代铜镜颜曰"一鉴楼"，故址现改造为文化综合体，延续文脉亦称一鉴楼。他有题一鉴楼联云："屈子骚，龙门史，孟德歌，子建赋，杜陵诗，稼轩词，耐庵传，实父曲，千

今芷江路魁德里9号袁克文旧居

古精灵，都供心赏；敬行镜，攻胥锁，东宫车，永始斝，梁王玺，宛仁钱，秦嘉印，晋卿匣，一囊珍秘，且与身俱。"由此可知袁克文才学的自负和一鉴楼收藏的丰赡。

20世纪20年代后半期，袁克文搬到英租界两宜里（今芷江路魁德里9号），在此度过人生最后数年。1931年3月22日，袁克文在落拓中凄然离世，所遗只有笔筒里的20元钱。《北洋画报》讣告云："寒云主人潇洒风流，驰骋当世。尤工词章书法，得其寸楮者，视若拱璧。好交游，朋侣满天下，亦本报老友之一。体素健，初不多病，而竟以急症，于廿二日晚病故津寓。从此艺林名宿，又少一人，弥足悼已。"评价堪称剀切。

袁克文一生潇洒，花钱无数，却要劳亲友弟子拼凑费用才入土为安。不过葬礼倒是隆重，送灵的文士、僧侣、名花、伶人及青帮中人四千有余。墓地初在天津西沽，后迁至赵德庄。"袁寒云之墓"碑石由方地山题写。方另撰有挽联："聪明一世，糊涂一时，无可奈何唯有死；生在天堂，死入地狱，为三太息欲无言。"真是知者之语。

袁克文夫人刘梅真，为天津候补道刘尚文之女。她才貌双绝，书法造诣尤高，樊增祥评曰"风骨不让吕碧城，

今成都道93号刘梅真旧居（亦是袁家骝旧居）

气韵直夺江南萃"。袁克文藏《于湖居士文集》，由刘梅真影抄一部，纸墨堪媲美古本，乃近世抄本之白眉。书有袁克文、周叔弢、张允亮、张伯驹跋文，又经陶祖光、王雨、李一氓递藏，今归四川省图书馆。袁之藏书曾钤一印，曰"克文与梅真夫人同赏"。

袁克文去世后，刘梅真卖掉两宜里居所，携子女租住在今成都道93号。袁克文长子家骃，夫人方初观，为方地山女；次子家彰，夫人吕师竹，为中国红十字会创始人吕海寰女；三子家骝，夫人吴健雄，夫妇同为著名物理学家；四子家楫，早年为国民党海军下级军官，1949年后曾任天津市政协委员。

袁寒云的著述，生前易实甫选刊有《寒云诗集》，殁后张伯驹油印有《洹上词》。又《辛丙秘苑》《新华秘记》《三十年闻见行录》《洹上私乘》等，多为报刊文章的结集。另有《寒云日记》，所述长达二十余年。又受方地山影响，他一度藏泉甚夥，所撰《泉简》由嘉兴廉泉题签，然似未能出版。

2020年4月8日于饱蠹斋

周叔弢与自庄严堪

天津市睦南道129号洋楼，在万国建筑萃集的五大道，显得普通而又低调。其曾经的主人藏书家周叔弢，在此度过了人生的最后三十年。文献学家顾廷龙《自庄严堪勘书图跋》评价说："周叔弢先生藏书之富，夙与李氏木犀轩、傅氏双鉴楼鼎峙海内，而凌驾二氏，无愧后劲。"

周叔弢（1891—1984），本名周暹，以字行。他祖居江西婺源，唐时徙至建德（今安徽东至）。祖父周馥，清末官于直隶，后任两江总督。父亲周学海，清光绪十八年（1892）进士。周学海光绪十七年（1891）迁寓扬州，登第后授内阁中书，俸满以同知分发河南。周馥囿于"家事艰

周叔弢

难，生齿日繁"，不欲其远仕或宦京，命以候补道身份回扬州"经理生业"。由于体弱多病，周学海潜心岐黄之术，有《周学海医学全书》行世。

扬州市大树巷小盘谷，为周学海、周叔弢旧居，周叔弢在此度过少年时光。宣统三年（1911）辛亥革命，周叔弢随侍祖父移寓青岛，1914年迁居天津。1919年起，追随叔父周学熙经营实业，在青岛、唐山、天津华新纱厂任经理等，在滦州矿务公司、启新洋灰公司、耀华玻璃公司亦兼有职务。1949年后，任天津市副市长及全国政协副主席、全国工商联副主席等。

周叔弢5岁入塾读书，16岁起购藏古籍，常往扬州辕门桥的书店。他回忆说："那时候只不过是胡乱买书，胡乱读书，桐城派、阳湖派的古文家集也读，《天演论》《黑奴吁天录》也读……大有乐而忘却一切的势头。"后来他读到张之洞《书目答问》、莫友芝《邵亭知见传本书目》，对善本书和版本学发生浓郁兴趣。

周叔弢藏书有黄丕烈和顾广圻遗风，雅嗜宋元旧刻。傅增湘《自庄严堪勘书图序》认为："其藏书不侔闳富之名，而特以精严自励。"1927年起，海内外瞩目的海源阁藏书，陆续流转至天津出售，周氏收得58种，数量虽逊于存海学社，质量则多有过之。海源阁杨氏与丽宋楼瞿氏，在藏书界并称"南瞿北杨"，而天津之周叔弢与上海之陈清华，均保有两家珍藏的善本，故时人誉曰"南陈北周"。

周叔弢鉴藏古籍有"五好"标准：一是版刻字体好，等于一个人先天体格强健；二是纸墨印刷好，等于一个人后天营养得宜；三是题识好，如同一个人富有才华；四是收藏印记好，宛如美人薄施脂粉；五是装潢好，像一个人衣冠整齐。周氏藏书虽悬格极高，但并不囿于文物和文献价值，也重视纸墨、刻工、装潢等科学和艺术价值。1944

年，藏书家李典臣斥卖古籍，请周氏帮忙估价，因以海源阁藏《注心赋》为谢。周在该书识语中云："近年颇见杨氏藏书，皆善保旧装，不轻改易，此书则因辗转流传，遂横遭割裂，而装池更污损，非复旧观。既命工略加补缀，爰记数语以寄慨云。"可见他对旧装的推重。

周叔弢所藏抄校本极夥，稀见者约有四端：一是未刊手稿本，包括原稿本和清稿本，如明朱存理《珊瑚木难》；二是刻本失传仅存抄本者，如明抄《贞白先生陶居文集》；三是名家抄本，如明吴宽抄《山海经》；四是宋元旧刻影抄本，如汲古阁影宋抄本《酒边集》等。除了极珍罕的宋元抄本，他存有吴宽、姚咨、钱谷、谢肇淛、钱谦益、钱曾、叶树廉、毛晋、吴骞、陈鳣、鲍廷博、黄丕烈、顾广圻、劳格等明清藏书家的抄本，其中"毛抄本"有十余种，"黄跋本"则有五十余种。

周叔弢倾心宋元旧刊，但并不废后世之精刻本，尤其是手书上版的软体字刻本。他认为刻工运刀如笔，不失写者原意，传达出书法精髓。周氏所藏康熙顾嗣立刊《温飞卿诗集》、雍正顾氏刊《笠泽丛书》、乾隆张奕枢刊《白石道人歌曲》等，都是雕版印刷中的上品。清末民初的影刻佳本，周氏也非常推重，藏有黎庶昌影刻《古逸丛书》、徐乃昌影刻《玉台新咏》、吴昌绶影刻《宋金元明词四十种》等。1974年，上海书画社覆刻元本《稼轩长短句》，他览后亦惊喜不已，写信给长子周一良云："昨见木刻《稼轩词》，名为仿元，实是自成一格，写刻殊佳。我眼馋，竟费二十八元买了一部。惜纸不佳，如得佳纸佳墨，不在董刻之下也。"他为此还致信上海图书馆馆长顾廷龙，询问刻工姓名写入题记。

周叔弢购书不惜重金。1933年，日本文求堂售卖宋版《通典》和《东观余论》，两书均为海内孤本。他以1000元赎得《东观余论》，《通典》则因价昂被迫放弃。《东观余论》回归之日，周叔弢题跋感慨道："独念今者边氛益亟，日蹙地奚止百里，当国者且漠然视之而无动于衷，余乃告此故纸，不使沦于异域，书生之见亦浅矣！恐人将笑我痴绝无以自解也！噫！"又海源阁"陶陶室"所庋《陶渊明集》和《陶靖节先生诗注》，均为藏家追捧的白眉。周氏得到《陶渊明集》后，又拟买入《陶靖节先生诗注》。可是觅得书踪时，已归北京某贾。此人知道周氏久慕此书，于是漫天索价，僵持一年之后，周氏终以4000元收下。又所存元本《左传》唯缺卷一，藏于嘉定徐氏之处。周氏多次欲收此卷，均以徐氏随时提价未果。1946年，他托人辗转相商，才以一两黄金代价购得。周氏在该书题跋中难掩喜悦："珠还剑合，缺而复完，实此书之厚幸，岂仅予十余年好古之愿，一旦得偿为可喜哉！"

周叔弢藏书当时即播誉众口，伦明《辛亥以来藏书纪事诗》云："宋刊宋校蒙庄注，萧选陶诗一样精。可笑潜园徒识数，岂闻一璧抵连城。"伦明认为丽宋楼主人陆心源之潜园都不在话下，可见对周氏藏书的推崇。

虽然有实业作后盾，但周叔弢购藏图书、文玩所费至巨，经济捉襟见肘时或有之，故曾售书贴补家用。1942年，所藏109种明版卖给陈一甫。适书估王富晋携来宋版《礼记注》，结果"所易之资购藏此本"。周叔弢在《壬午鬻书记》中，对所售之书有详细记录，并作按语云："卖书买书，其情可悯。幸《礼记》为我所得，差堪自慰，衣食不足非所计及矣。"为了买书竟致不顾衣食。周氏的去书之痛，一年后也未散尽，其《齐乘》题跋云："壬午春三月，余为衣食计，以明本书百余种售之陈丈一甫。去书之日，心中依依，不胜挥泪宫娥之感。迩日为检一故实，拟得《齐乘》以供繙翻，乃乞于陈丈，以三百元赎回此本。比之去年，其值约高一倍有半。"为了研读之需，售出之书又高价赎归。周氏又写道："江都方无隅先生常戏称：买书一乐，有新获也；卖书一乐，得钱可以济急也；卖书不售一乐，书仍为我有也。余今续之曰：赎书一乐，故友重逢，其情弥亲也。"爱书之情和痴书之态，真是跃然纸上。

周叔弢藏书之外，影印刊刻古籍亦多，牌记均有"建德周氏"字样。如宋本《唐女郎鱼玄机诗》、《寒山子诗集》、《宣和宫词》、《戴注屈原赋》、《十经斋遗集》及元本《孝经》等。所为皆纸墨精良，能传旧本神韵。

近代以来藏书大家所存典籍，以自庄严堪的归宿最为理想。周叔弢藏书观念极为通达。1942年元旦，他在手订《自庄严堪善本书目》卷首，留有近似遗嘱的话："数十年精力所聚，实天下公物，不欲吾子孙私守之。四海澄清，宇内无事，应举赠国立图书馆，公之世人，是为善继吾志。倘困于衣食，不得不用以易米，则取平值也可。勿售之私家，致作云烟之散，庶不负此书耳。"他很早就践行图书公藏理念。所存宋刻《春秋经传集解》和《群经音辨》残卷，虽属断圭残璧却极珍贵。1947年4月，他得知两者可与故宫博物院所藏配成完帙后，主动给赵万里写信提出献书，使之"剑合珠还"。去书之际虽意绪惘然，但他在《春秋经传集解》题跋中仍表示："然故宫所佚，得此即为完书，余岂忍私自珍秘，与书为仇耶！"1949年6月，他将海内孤本宋版《经典释文》第七卷捐给国家，使此书成为全璧。1951年8月，他又捐《永乐大典》一册给北京图书馆。此后，周叔弢分数次尽献私藏，为古籍保护传承做出巨大贡献。

1952年8月，周叔弢捐古籍善本给文化部，拨藏北京图书馆。1954年2月，文化部部长沈雁冰为其颁褒奖状，社会文化事业管理局致谢函。这批古籍计715种2672册，其中宋刻本68种（包括蒙古刻本1种、金刻本2种），元刻本43种，明刻本140余种，明活字本8种，宋元抄本各1种，明抄本83种，汲古阁抄本11种，士礼居校跋本49种，其他批校本百余种。深谙周氏藏书的文化部副部长郑振铎看到赠目后嘉许不已，对周叔弢说："您把最心爱的'两陶集'都献出来了，真是毫无保留，难得！难得！"

1954年7月，向天津市人民图书馆捐献中外文图书和期刊110箱，其中图书3167种22626册，主要是清代刻本；

8月，向南开大学图书馆捐赠中外文图书、小册子3521册；9月，向北京大学历史系捐赠金石拓片和书画162种，向北京图书馆捐赠元明清抄本和刻本32种120册；10月，向天津医学院捐赠周学海手批医书13种134册。

1972年，周叔弢又拟捐赠查抄退赔的图书文物。天津市革委会政治部专门批复："周叔弢将个人收藏的文物上缴国家，是一种爱国的表现，应给以支持和鼓励。"同时责成接收单位妥善保存，"不经批准不许分散或随便处理"。所捐图书拨交天津人民图书馆，1973年6月清理完成，印有《周叔弢先生捐赠藏书目录》，计收古籍1827种9196册，其中活字本400余种；所捐文物拨交天津艺术博物馆，总计1262件，其中敦煌写本200卷。1981年3月，天津市政府召开授奖大会，市长胡启立为周叔弢颁发奖状。甲骨文专家陈邦怀赠诗云："爱国同人周叔弢，鉴藏明察到秋毫。不甘独乐归公有，众誉弢翁风格高。"

1984年2月14日，周叔弢在天津逝世。

周叔弢的书斋有寒在堂、双南华馆、自庄严堪等名目。1917年，周氏购得宋本《寒山子诗集》，这是他入藏的首部宋版书，因以名斋曰拾寒堂，后改为寒在堂。此书已知传世仅两部，目验两书的傅增湘认为，周氏所藏内容更全，刊刻时间也略早。20世纪30年代，周氏购得两部宋本《庄子》——海源阁藏《南华真经》和孔广陶藏《分章标题南华真经注》，遂以双南华馆命名书斋。王謇《续藏书纪事诗》咏云："双南华馆久名斋，又一南华宋木牌。莎士比亚恣搜弄，西人输尔架床排。"周氏古籍之外，所藏西籍亦盈架联床，中有莎翁剧作，故诗中有"莎士比亚"之语。周叔弢最有名的书斋是自庄严堪（龛），取自《楞严经》的"佛庄严，我自庄严"。周氏偏好佛典，不但广泛收藏，而且多次雕印。画家余绍宋和张恂，分别绘有《自庄严堪检书图》和《自庄严堪勘书图》，后者附于冀淑英编《自庄严堪善本书目》之中。

周叔弢藏书的用印极为考究，所钤多名手所治，如吴昌硕、齐白石、陈衡恪、许保之、童大年、王福庵、刘希淹、唐源邺、周锦等。印文常见者有：寒在堂、双南华馆、东稼草堂、自庄严堪、图南池馆、昨夜轩、建德周氏藏书、孝经一卷人家、周暹之信、周暹之印、周暹眼福、周叔弢校读本、曾在周叔弢处、叔弢手校、叔弢长寿、弢翁珍秘、弢翁珍玩、天长地久、旧时月色、梦里不知身是客等。周

今睦南道129号周叔弢旧居

氏所藏普通本常盖较大章,而珍秘本仅钤"周暹"小印。印泥多源自西泠印社,唯恐劣品渗油或变色伤及图书。

周叔弢晚岁无聊,因以写字读帖为乐。他对此颇有心得:"学书以勤练为主,重在临摹,但看帖亦不可轻视。平时多看,阅之既久,面目熟习,下笔自能运用也。"写给周一良的家书中,甚至大谈毛笔和墨汁的性能。他说:"鹿狼毫尚顺手,宣州紫毫,善琏紫狼毫、披羊狼毫皆用过两支,性能不一致。求健易,求圆难,盖毫之粗细强弱选择不精了，不知能机械化否？"而对"中国""北京""天津"等不同品牌墨汁的优劣，他也区别得极为精细。

　　周叔弢在津居所已知有三处。1928年前后，住英租界泰华里6号，毗邻今芷江路。这是广东水师提督李准的房产，其弟李涛娶了周的七妹周沅君。1935年6月，他以诗礼堂名义在英租界66号路（今桂林路）购地2.7亩，1938年由工程师谭真设计、鸿记建造厂承造，建起一幢三层洋楼。1954年售与中央音乐学院，供苏联专家居住。这两处建筑均已无存。1954年起直至去世，周叔弢一直住在今睦南道129号，此楼虽然简约朴素，但对"只爱读书"的周氏来说，也足娱桑榆晚景了。

　　　　　　　　　　2021年4月14日于负晴轩

金钺与屏庐

近代天津的藏书家灿若辰星，金钺的名字并不耀眼。"藏"的成就虽然一般，但"刻"的业绩极突出。

金钺（1892—1972），字浚宣，号屏生、屏庐、屏庐学人、屏庐居士等。著名藏书家和刻书家，也是诗人和画家。金钺祖籍浙江会稽。金氏相传是西汉中山靖王刘胜之后，新莽时期徙于浙江，五代十国为避吴越王钱镠之讳，这才易姓为金。清康熙年间，金钺的八世祖金平（字子升）北迁天津，在卫城西北角城隍庙东购地建宅，号为峰泽堂金氏。天津地接长芦，金平以业盐发家，亦商亦儒，金氏渐成大族。其后二百余年，"墙屋依然，族姓未改"。

金钺

　　金钺的生平行事十分简略。他清光绪十八年（1892）正月二十七日生于天津。父亲金汝琪，字润圃，为著名士绅。金钺出身监生，宣统元年（1909）十七岁时，任民政部员外郎。民国建立后赋闲家居，从事经营及慈善、文化、教育等活动。据李世瑜的《俦社始末》记载，金家开有新泰兴洋行，又在金城银行有不菲投资，家境相对优裕。但由于金钺身系庶出，小时侯生父即去世，刚成年生母又病故，接二连三的打击，致使其精神郁闷，很少与人接触，唯以读书、吟咏、绘画自娱。虽然性格有些孤僻，可对于社会文化和公益慈善事业，他总是欣欣然乐助其成。

1922 年，金钺等清朝遗老在天津改组俦社，这是一个旧体诗歌团体，金钺以"遗少"身份参与其事。

　　1927 年，严修、华世奎、林墨青等为阐扬国故，发起组织崇化学会，金钺收到捐启后很快就送来了钱，此后长期担任学会董事。严修在当年的日记扉页按捐款顺序列有名单，金钺排在第十三位。后来金钺偶然得到严修、华世奎出的崇化学会考试题纸，当即题跋以作纪念："崇化学会之创设迄今已逾十稔，其中高才俊彦学成而转相师授者已不乏人。夫通天地人之谓儒，尚冀好学诸君子黾勉弗已。此会成立之初，予于斯举亦获追随。爰书数语，以示来兹。"

　　1939 年天津大水，金钺与章梫、金梁、陈一甫等创办天津保婴会，专门收养弃婴。

　　参与各类社会公益活动的同时，金钺以极大的精力和财力，投入到搜集、整理、刊刻乡邦文献之中。民国学者王謇在《续补藏书纪事诗》中咏之云："输金刊书毋昭裔，析津方志供商搉。惟君为富亦为仁，不与世接何伤哉。"诗后附有小注，称金钺"家富有，不与世接，惟收津市文献更传刻之。往岁重修津志，浚宣供资材、助刻费为最多"。洋行的经营利润和银行的股份收入，支撑起金钺藏书、刻书的巨大投入。确实如王賮所咏，刊刻图书尤其是对天津乡邦文献的整理，可以说是金钺一生的心血和贡献之所在。然而目前，我们尚找不到一份相对完整的金钺所刻图书的目录。20世纪40年代的崇化学会学员李炳德先生，藏有一份《天津金氏屏庐刊印各种书籍价目》，为辛巳（1941）冬月"金氏屏庐订"。通过这份价目表，可以大体看出金钺刻书之业绩。

目录总共列有19种图书，其中《许学四种》《屏庐丛刻》《天津诗人小集》《金氏家集》等丛书均算作一种。这里面除了朱彝尊的《曝书亭词拾遗》，都可以算作天津乡邦文献。从金钺自订的这份价目表可以看出，同一部书会使用不同的纸张来印刷，由此可知金钺刻书是从读者角度考虑问题的，并根据其不同需求和购买力，确定所刻重要典籍的用纸品种、印刷工艺，最后定出高低各异的价格。学者伦明在《辛亥以来藏书纪事诗》中，亦有诗作吟咏金钺："乡贤著作网罗勤，铅椠连年自策勋。韵事鲍金今再见，共惊空谷足音闻。"诗中把金钺刻书比作"空谷足音"，并将其与著名藏书家、刻书家鲍廷博并称，至少从传播天津乡邦文献角度来说，此评堪称中肯。天津人高凌雯在《志余随笔》卷五中的记述，也可给伦明的评语当作注脚："天津有藏书之家，无刻书之人。近惟浚宣喜为此，网罗旧籍，日事铅椠，十余年未尝有间，由其先人撰述，推及乡人著作，已刊行二十余种，大率零星小部，扩而充之，不难为定州王氏之继也。"

金钺所刻的"先人撰述"，主要是《金氏家集四种》十四卷，包括金平《致远堂集》三卷（含《金氏家训》），金铨《善吾庐诗存》一卷、附录一卷，金玉冈《黄竹山房诗钞》六卷、补一卷，又附《田盘纪游》一卷，金至元《芸书阁剩稿》一卷。

金钺所刻的"乡人著作"主要是其自辑《屏庐丛刻》和高凌雯辑《天津诗人小集》。《屏庐丛刻》刊于1924年，凡十五种二十四卷，包括王又朴《诗礼堂杂纂》二卷、《介山自订年谱》一卷，查为仁《莲坡诗话》三卷，查礼《铜鼓书堂词话》一卷、《画梅题记》一卷，陈玠《书法偶集》一卷，华琳《南宗抉秘》一卷，金玉冈《天台雁荡纪游》一卷，栾立本《悫思录》一卷，沈峻《灶妪解》一卷，沈兆沄《篷窗随录》二卷，梅成栋《吟斋笔存》三卷，杨光仪《耄学斋晬语》一卷，徐士銮《古泉丛考》四卷，金颐增原辑、金钺重编《金刚愍公表忠录》一卷。《天津诗人小集》刊于1935年，凡十二种二十一卷，包括张霍《欸乃书屋乙亥诗集》一卷，张坦《履阁诗集》一卷，张埙《秦游诗》一卷，胡捷《读书舫诗钞》一卷，周焯《卜砚山房诗钞》一卷、续集一卷，胡睿烈《炅斋诗钞》一卷，丁时显《青蜺居士集》一卷，查昌业《林于馆诗集》二卷，康尧衢《蕉石山房诗草》一卷，梅成栋《欲起竹间楼存稿》六卷，刘锡《韵湖偶吟》一卷、后集一卷，李庆辰《醉茶吟草》二卷。

　　金钺之所以能够刊刻如此数量众多的天津文献，也是有背景和机缘的。1919年，徐世昌委托严修创建天津修志局，组织学者编纂《天津县新志》。严修聘请高凌雯和王守恂为正副主纂，金钺则为顾问。修志局向社会征集乡贤著作，短时间就汇集了旧稿本、旧刻本、旧抄本数百种。1929年严修去世，高凌雯纂修的《天津县新志》第十七卷至第二十七卷"人物"和"艺文"已完成雕版。此时修志局已没有经费，金钺于是找到高凌雯和华世奎，商量自费刊印成书。三人于是反复勘校板片，于1931年在北京文楷斋刻书铺印出《天津县新志》半部本。高凌雯在修志过程中，所撰四百余条札记未能入志。金钺知其考订能纠天津旧籍之讹，乃于1936年将其雕版印行，定名为《志余随笔》。

金钺与修志局副主纂王守恂亦师亦友，为王守恂刊刻过《王仁安集》《王仁安续集》《王仁安三集》等。王守恂负责纂修《天津县新志》第一卷至第十六卷。王守恂的学生赵芾，古文和诗词均有造诣，修志的前期工作就由他承担。可是志稿完成尚未及誊写，赵芾于1933年病故，修志工作一度停滞。1935年，王守恂为避乱借住于金钺家的心远楼，金钺允诺王守恂完成后续工作。两人于是找来草稿，边校对边雇人抄写，经过三个多月完工。这时王守恂发现了问题，抄竣的稿子与原定的章节有不少偏差，与高凌雯的后半书稿衔接不上，无奈之下另行定名《天津政俗沿革记》并交金钺处理。1937年初王守恂因病离世，金钺赶在七七事变之前，匆忙为其刻印了《王仁安四集》。1938年，《天津政俗沿革记》亦在金钺操持下刊刻出版。《天津县新志》虽然未能合璧，但志稿终于完整地留存于世间。

金钺早年居于天津老城的金氏旧宅。20世纪40年代中期迁到特一区。1952年，又迁至苏州道玉川居胡同5号。金钺的这些旧居，原建筑均已无存。而随金钺不断播迁的书斋屏庐，也早已经烟消云散。今常德道57号天津市冶金总公司，1949年前为金家大院，据说金钺在这里曾短暂居住。

1949年10月中华人民共和国成立后，金钺将自己的珍藏化私为公。1951年10月，他把碑拓、书籍、板片等赠给天津市第二图书馆。著名学者王襄应金钺之请，代撰《记金浚宣赠图书馆书版事》。不过有意思的是，金钺认为有些内容"不可入记"，于是自己另撰一文，由王襄代录后交给图书馆。

1952年9月1日，天津市人民政府文化局为金钺颁发褒奖状云："金浚宣先生以其珍藏魏皇甫驎碑一块，齐乞伏君墓志二块，木刻书板四十八箱，天津人士著作八十五册，捐献政府，化私为公，殊堪嘉尚，特予褒奖。此状。"褒奖状的落款为"局长方纪，副局长李霁野、孟波"。这次捐赠的皇甫驎碑极其珍贵，此前被罗振玉辑入《六朝墓志精华》，故褒奖状中特别提出。该碑清咸丰间现于陕西鄠县，曾由著名金石学家端方收藏，后来才辗转归于金钺。

今绍兴道13号金钺旧居残存建筑（原台北路2号附楼）

此后，金钺的生活渐入窘境，时常被迫拿珍藏易米。如明代夏昶墨竹手卷，仅以500元低价让出，最后入藏故宫博物院。"文革"中大破"四旧"，金钺亦遭抄家之劫，所余珍善图籍被毁掠一空。数年之后退赔，仅得丛残而已。1972年6月，金钺在贫病交加中溘然辞世。

晚年的金钺，与龚望交往甚密。龚望尝言："金十五爷（金钺）结束津门有藏书家，无刻书家之说。其刻书不计成本，且勤于校雠。崇化学会办了那么多年，他功不可没。"龚望亦曾自费刻印天津乡贤著作《刚训斋集》《欲起竹间楼文集》《梅树君先生年谱》等，他说道："我有些许能力，印了点书，是受金十五爷的影响，与人家比，实不足道哉。"

金钺刻书之名遐迩闻名，以至掩盖了其文学艺术方面的成就。金钺存有文集《屏庐文稿》（1941年）、《屏庐文续编》（1951年）。《屏庐文稿》四卷，所收多序跋题识之文，从中可觇知其刻书之大略。金钺在《屏庐文稿》自序中云："予屏居却扫，孤寂是甘，日惟坐对书丛……依以为生，不复知有他嗜也。而从事撰述，黾勉弗辍者，溯自戊午，迄今辛巳，计历寒暑逾二十周。忽忽焉年届五十矣……乃取己未以来刊印各书之序跋，及诸赠答题识之文，辑而录之，次为四卷……亦借见半生之所结习，聊以自娱已耳。"《屏庐文续编》收有《希郑轩所藏书尽赠崇化学会记》《金君致淇所藏书尽赠崇化学会记》《梦选楼所藏书尽赠崇化学会记》，均是天津藏书史上的珍贵资料。

金钺的诗集有《戊午吟草》（1920 年）、《屏庐题画》（1936 年）行世。前者收早年诗作，每题皆有小引，凭此可了解其早年生活。后者为庚午（1930 年）至甲戌（1934 年）题画之作，均为金钺自绘。晚年金钺仍吟哦不辍，常书于各种纸头之上，以遗龚望等师友。他还撰有《辛酉杂纂》（1921 年），包括《漫简》《屏庐臆说》《偶语百联》三种，属于杂著性质。《漫简》和《屏庐臆说》主要是人生杂感，金钺在《漫简跋》中说："或藉人言以见己意，或观物理以写我心，或因此而悟彼，或由小而推大，语短而情或长，笔拙而理或切。"《偶语百联》属于楹帖，乃集子部经典之言而成，以发人心而正风俗。章钰在《金浚宣偶语百联题词》中评云："吾友天津金君浚宣，生长华腴，超然尘表。自辛亥以后，究心六书之学及表章乡先正文字，刊行多种。比又浏览丙部家言，择其有益身心者，集成《偶语百联》。

钰得而读之，喜其于今日风会所趋，有对证发药之妙，义典则宏，文约为美，谓此得柱铭之遗旨，作楹联之正宗可也。操觚之士，有为人心风俗计者，其必有取于斯。"

金钺善画竹石。他曾向寓津的海上画家彭钝夫问道，还绘墨竹相赠并题跋："钝夫我师，工画人物，间作山水花卉，亦各臻精妙，近日予从学画石之法，颇渐开悟，兹作墨竹小帧博哂，初学涂抹，何敢唐突大雅，惟冀俯赐教益，藉获遵循耳。"金钺本来年长于彭钝夫，于此可见其为人之谦逊。金钺藏有明代夏昶墨竹作品多幅，所绘亦深受影响，故后人评其墨竹云："浓淡相间，层次分明，亭亭玉立，气味不俗。虽宗法明代夏昶，但有自家新意。"画家余明善师从金钺学画墨竹，亦认为老师笔下的墨竹是"学者画，极富清雅之气"。

金钺所捐的诸书板片，其后被运到北京展览，竟因此长期未得归还。2003年夏，经过天津图书馆多方协调，残存的板片又从北京运回天津收藏。这对终生以传播乡邦文献为职志的金钺来说，无疑是最大的告慰。

2019年1月30日于恐高轩

周明泰与几礼居

　　天津市和平区五大道，西洋建筑林立，名人旧居众多。在河北路277号院墙上，镶嵌有一块"周氏旧宅"铭牌。这里所说的"周氏"，就是周学熙的长子周明泰，院中的古典主义风格小楼，就是周明泰的旧居——经常被戏曲史家提起的几礼居。

　　周明泰出身于著名的安徽至德（今东至）周氏家族，祖父周馥是晚清洋务运动的重要人物，曾任山东巡抚、两广总督等，向来为李鸿章所倚重。父亲周学熙光绪二十六年（1900）入袁世凯幕府，在天津长期主持北洋实业，督办有天津考工厂、天津植物园、天津铁工厂、天津高等工业学堂、

周明泰

天津造币厂等。周馥和周学熙晚年都定居天津，住在小孟庄三多里（旧居位于今澳门路3—7号）。1921年周馥去世，士绅联名上书北京政府，请求建祠纪念。周馥的祠堂荐福庵当年落成，与周氏家祠统称周公祠。现存大殿三间，配房七间。周明泰居于平津之时，每年都要来此参加祭祖等活动。

周明泰（1896—1994），字志辅，光绪二十二年（1896）生于江苏泰州。他幼读经史，潜心古籍，并学会德语和英语。1918年，徐世昌在皖系军阀支持下当上中华民国大总统，周明泰以地望、人脉和才学，出任总统府秘书。1922年改任农商部参事，并被派往德国考察欧战后经济。

1924年转任内务部参事，1928年以北京政府解体去职，周明泰就此回到天津，随侍周学熙住在小孟庄三多里。此后，周明泰专事实业，先后出任唐山华新纱厂董事、天津久安信托公司常务董事及董事长、青岛华新纱厂董事长、上海信和纱厂董事长等。

周氏家族从第一代周馥，到第二代周学熙，再到第三代周明泰、周叔弢，第四代"良"字辈，成功实现了由政界到商界再到学界的华丽转变。而周明泰的一生，恰好由政而商而学，成为周氏家族转变过程中的重要代表人物。

在周氏第三代中，尽管周明泰不是最出色的实业家，但他在家族投资企业里担任董事、董事长等职垂二十年，从未出现过重大差池，仅从这个角度来说，他也是家族的合格继承者。然而，这位周家的大公子，最大志趣却并非实业。

周明泰幼年即以颖悟著称，少好文学，长治经史。居官京师时，出版有《三曾年谱》《易卦十二讲》《续易卦十二讲》《后汉县邑省并表》《三国志世系表》等著作。但吸引周明泰全身心投入的，则是当时蓬勃发展的戏曲。关于酷嗜戏曲的过程，周明泰自述云："余之少时，读书喜钻研史地图表之学……后来渐及稗官野史小说曲部……孜孜不以为倦焉……中年人仕，久居部曹，暇则趣市廛听歌，癖之既久，习闻掌故浸多，更求之古人载籍，亦以治学之方法出之，自以为乐。"

民国时期收藏戏曲文献的不乏其人，如吴梅、阿英、傅惜华等，但最著名者当推齐如山和周明泰。齐如山藏有戏曲文献数千册，然其后人转让给美国哈佛燕京大学图书馆的，多是稀见明清小说，珍贵戏曲文献仅十数种，其他则已星散四方。而周明泰所搜藏的，通过不同渠道整体化私为公，可谓保存传统文化的一大贡献。

周明泰对戏曲的特殊情结，使他为了收集有关文献，常常掷千金而不顾，因而常能得到珍善之本。如明代刻本《汤海若批评西厢记》、张凤翼续志斋《汤海若批评红拂记》、冯惟敏海浮山堂《不伏老僧尼共犯传奇》、陈与郊师俭堂《鹦鹉洲》等，都是极为罕见的刻本。周明泰收藏的乾隆抄本《幽闺记》，曹文澜抄本《连环记》《寻亲记》《焚香记》，乾嘉间陈金雀抄本《琵琶记》，乾隆四十九年聚坤堂精抄本《牡丹亭》，乾隆五十年桃源厅抄本《南西厢记》等，都附有罕见的昆剧身段谱，是研究戏剧形体动作发展的难得史料。所藏许之衡饮流斋原抄本《五福记》

《金丸记》，乾隆内廷抄本昆腔《进瓜记》、弋腔《江流记》等，也是稀见的曲目。

周明泰还收藏有很多清代南府和升平署抄本。南府和升平署都是清代宫廷常设机构，类似于唐代的梨园，主要管理伶官和宫廷戏剧演出。周明泰藏有南府旧抄本14册，升平署抄本41册，内府抄本158册，其他宫廷承应戏抄本44册，都是世所罕传的宫廷演剧文献。

周明泰收藏的戏曲文献中，极具特色的部分是戏单、唱片和名伶专号、专集、专刊、特刊、纪念号等。对于观众随手抛掉的戏单，周明泰很早就意识到其文献价值并予以保藏，所存从1881年到1947年，总计超过万张，印刷方式包括木刻、石印、铅印等多种。周明泰又大量囤集唱片，主要是20世纪30年代百代、胜利、高亭、蓓开等公司灌制的京剧选段。至于《尚小云专集》《言慧珠专号》《谭富英特刊》《荣春社科班纪念册》之类，当年只能算是宣传品，如今却成了研究价值颇高的第一手戏曲史料。

周明泰的书斋名叫几礼居，他以此自号几礼居主人。1933年，他在天津英租界威灵顿路（又称44号路）建起藏书楼一所（即今河北路277号），就是著名的几礼居。楼房

今河北路277号周明泰旧居

主体三层，砖木结构，具有英国古典主义特征，首层有三
联拱券式外廊，由天津著名建筑师沈理源设计。沈理源毕
业于意大利奈波利工科大学水利和建筑工程专业，长期在
天津工商学院建筑系任教授，并开办有建筑事务所华信工
程司，在京津两地设计过许多著名建筑。

年逾九旬的周骥良先生，对堂伯父的这栋房子印象深
刻。周明泰亲自参与了小楼设计，刚刚盖好不久，十多岁
的周骥良就曾前去做客。周明泰自三多里喜迁新居，也显

得特别兴奋，带着周骥良看这看那。整栋房子漂亮极了，卫生间瓷砖都是绿色的，外檐使用褐色琉缸砖，据说全部自英国进口，当时每块价格可购一袋面粉。周明泰的居室在二楼阳面，东面和南面都有窗户。他收集的大量戏曲文献，都安置在几礼居书斋中。

周明泰所藏清代内府传奇剧本，均以较高润笔聘请高手，用特制的几礼居笺纸工楷写录，然后精心装订并配置函套，号称"至德书屋藏本"。在天津居住的二十年间，可以说是几礼居收藏的全盛时期。

周明泰前半生辗转政商二界，但一直醉心于学问之中。早年除了经史之学，他于金石之学也有涉猎，曾经接手堂兄周季木的珍贵封泥，并于1928年出版了《续封泥考略》六卷、《再续封泥考略》四卷。20世纪30年代，他还与周季木、周叔迦、柯燕舲等组织展社，专门研究史学金石，并出版有展社丛书。不过让周明泰最执着的，仍然是各种戏曲史料。他特别留心笔记、报章、图书、档案中关于梨园的掌故珍闻，对信而可征者随手抄录，久之乃成箱盈箧，最终编成"几礼居戏曲丛书"四种，在20世纪30年代前期陆续出版。

第一种《都门纪略中之戏曲史料》一册，1932年1月出版。封面题签刘半农。《都门纪略》为清道光年间杨静亭所著北京风土著作，其中有许多京剧史料。周明泰从珍藏的道光、同治、光绪三朝六种版本中，勾沉遗佚按戏班、角色、剧目、剧园等分类排列，非常便于使用。

第二种《五十年来北平戏剧史材》六册，1932年8月出版。内封题签刘半农。书分前后二编：前编记载光绪八年（1882）至宣统三年（1911）四十余家戏班演出的戏目；后编记载民国以来戏班演出的戏目，并注明时间、地点、演员等。

第三种《道咸以来梨园系年小录》，1932年12月出版。内封题签胡适。全书将有关笔记史料分年排列，嘉庆十八年（1813）起，民国二十一年（1932）止，编年记述名伶生卒、入科、重要演出等。书中对天津名伶记述十分详细，如刘赶三、孙菊仙等。特别是关于孙菊仙，对不少细节都有考证，是研究其生平的一手史料。

第四种《清升平署存档事例漫抄》六卷，1933年3月出版。封面由胡适题签。1932年冬，周明泰有机会得观北平图书馆所收海盐朱氏旧藏清代南府和升平署档案五百余册，认为"对于清廷演剧之情状，可略得其梗概"，乃夙兴夜寐摘录排比，成《漫抄》六卷，备载嘉庆二十四年（1819）至宣统三年（1911）宫廷演剧场合、地点、剧目、承应部门及部分承应者名单、教习名单、乐器名目、陈设方位等，再现了九十年间清代宫廷演剧的基本面貌，填补了中国戏曲史的重要空白。

1947年底，周明泰迁寓上海。夫人言雍静和女儿周映清（著名骨科专家）等，继续留居天津。言雍静的父亲言敦源，中华民国北京政府时期曾任内务总长。

1949年上海解放前夕，周明泰又搬到香港，最后移居美国。1994年5月28日，周明泰在西雅图市拉都纳路4014号寓所逝世。临终之前，他特别录下父亲周学熙的"示儿诗"以励后人："祖宗积德远功名，我被功名误一生。但愿子孙还积德，闭门耕读继家声。"

对于堂伯父周明泰，周骥良的印象是：比较老实，不逛妓院，不抽大烟，不爱吃喝，也不怎么打牌，偶尔去舞场却不跳舞。他所钟爱的独有戏剧。少年时代的周骥良，每次去到堂伯父家里，都会在书房看到令人眼花缭乱的戏单和书刊。

1949年去香港前夕，周明泰把珍藏多年的戏曲图籍、文献资料、名伶书画，寄存在民办的上海合众图书馆，仅戏单就装了几大箱。图书馆总干事顾廷龙，专门编制了《几礼居藏戏曲文献录存目录》，收录图书千余种，分杂剧、传奇、乐谱、散曲、乱弹、剧本、清内廷戏曲、曲话、曲目等28类。1953年6月，合众图书馆董事会将馆舍和全部珍藏捐献给上海市政府，周明泰的旧藏也由此化私为公。1955年2月，合众图书馆更名上海市历史文献图书馆。1958年8月，又与上海图书馆、上海市科学技术图书馆、上海市报刊图书馆合并为新的上海图书馆。周明泰这批戏曲文献，现在保存于上海图书馆善本库中。

1957年，周明泰又把存在天津的珍贵京剧唱片献给国家，由中国京剧院接收保藏，其中很多当时即属绝版。据周慰曾先生回忆，这批唱片的捐赠，由梅兰芳从中牵线。梅先生通过周明泰的内弟言纫庵，透问周明泰是否愿意捐赠。周明泰从香港写信给天津的女儿，表示完全同意。此外，周明泰还有部分藏书留在天津旧宅，因在政治运动中被查封，竟然幸运地保存了下来，可惜在20世纪80年代，被低价卖给天津某拍卖行，此后就不知所终。

周明泰在平、津、沪居住时，因为经常听戏、看戏、谈戏，由此与杨小楼、余叔岩、梅兰芳、尚小云等名角往还频繁。

　　周明泰与尚小云交情最深厚。2013年12月，国家图书馆举办古籍普查重要发现暨第四批国家珍贵古籍特展，上海图书馆提供的周明泰旧藏四色抄本《江流记》极其引人注目。这个抄本曲牌用黄字，曲文用墨字，科白用绿字，场步注脚用红字，入眼美轮美奂，抄工可谓精绝。《江流记》讲述的是陈玄奘出世故事，本子上注明"两个时辰零四刻"演完。此本乃乾隆敕命戏曲家张照编写的大内节戏院本，加盖有三枚乾隆的印章。这册《江流记》已知的最早藏者，是"四大名旦"之一的尚小云。随着《江流记》展出的，有一封尚小云亲笔信，特别提到将书赠予总统府秘书周明泰，可见两人关系之密切。

　　周明泰对杨小楼演艺最痴迷。他曾用家庭小摄影机，专门拍摄杨小楼演出的《别母乱箭》(又名《宁武关》)黑白无声电影，片长16米，现存其在美国的后人手中。1938年杨小楼去世后，他精选十张杨氏戏单，制成"几礼居戏目笺"作为纪念。1977年，周明泰的女儿周肇良，又遵父亲嘱托重印这套笺纸，后来梁实秋偶然获得一套，将其写入《青衣·花脸·小丑》一文中："去年我在美国，辗转获得周肇良女士翻印其先君的《几礼居戏目笺》一份，是纪念杨小楼的十张戏报子。八张是第一舞台的，两张是吉祥的。十出戏是：'水帘洞''宏碧缘''霸王别姬''挂印封金坝桥挑袍''山神庙''湘江会''铁笼山''连环套''长坂坡''蟠桃会'。几礼居是周志辅先生的斋名。这位周先生是杨小楼迷。"

在周明泰近百年的人生中，关于戏曲的著述多达数十种。除了前述"几礼居戏曲丛书"，主要有刊于北京的《元明乐府套数举略》，刊于天津的《续剧说》，刊于香港的《续曲类稿》《几礼居随笔》《明本传奇杂录》《枕流答问》《京戏近百年琐记》，刊于美国的《几礼居杂著》《杨小楼评传》等。其中在香港、美国所刊大都罕见，只有《杨小楼评传》1992年由北京燕山出版社出版。

八十多年时间过去了，周明泰和他的几礼居，都已经阅尽人世的沧桑。一代戏曲文献收藏大家已经曲终，但他的藏书楼仍风貌犹存，这里现在被列入全国重点文物保护单位，由中盐天津市长芦盐业有限公司使用。

2017年5月8日于四平轩

张重威与默园

　　藏书家张重威寓津凡四十年，在有关文献家的工具书中，他的名字几乎没有。而就典藏实绩和学术贡献而言，他属于被低估和忽略者之一。

　　张重威（1901—1975），扬州仪征人，本名张垕昌，字重威。始祖相传乃吴王张士诚，元末与朱元璋中原逐鹿，兵败被擒死于狱中。张士诚有二子北逃蒙古，后重返江苏繁衍生息。据《扬州府志》记载，张家有田七千顷，为扬州四大家之首。张重威曾祖张安保博识工书，与经学大师刘文淇同为道光《仪征县志》总纂。张安保长子张丙炎嗣于同族张定保，为地官第张家。张丙炎为清咸丰九年

（1859）进士，官至潮州、肇庆知府。他工诗善书，镇江金山寺"慈寿宝塔"额即出其手。张安保次子张世锺为东关街张家。张世锺热心慈善事业，1929年其子张允和出任扬州救济院院长。今东关街张宅有"张允和故居"铭牌，称他"工四体书，尤擅丹青，山水仿宋元，精细工秀，悉有规矩"，东关街蔼园门额即其所书。张允和的胞弟张允臻（1878—1915）是张重威之父，他青年时留学东瀛，后在北京警官学校任职，醉心水墨丹青，年未四十逝去。

张重威生于扬州，随父宦游北京，师从沈兆奎研习经史，又向国学大家刘师培问业。张刘两家是世交，刘师培即刘文淇曾孙。1921年，张重威在扬州美汉中学、崇德女中任国文教员。1927年应岳父殷铮之召，进中南银行北平分行当练习生。殷铮乃扬州东圈门殷如璋之后。殷如璋乃同治十年（1871）进士，与鲁迅祖父周福清同科。光绪间出为浙江乡试主考官，周遣人暗通关节，结果为殷当场揭发，此案轰动一时。

张家到张重威这一代，在银行界影响很大，至有"张氏三雄"之誉——张重威的两位堂兄，张纳川任中央银行秘书长、中央信托局局长，张兴之任大陆银行沪行经理，他自己则任中南银行津行经理、总行副总经理。

中南银行1921年创办于上海，黄奕住为董事长，胡笔江任总经理。1922年在天津设分行，兼管北平分行业务。津行位于英租界中街，行址为今解放北路88号。张重威幼读私塾，一生未受过新式教育，所以能在金融界脱颖而出，得益于丰厚学识和超人胆略。据其子张家璈回忆，1929年胡笔江视察京津，有人向他推荐张重威，胡笔江召张重威赴上海，当场让他起草书信。张询明意图挥笔立就，自此得到胡的赏识。1932年，张重威任天津分行襄理，1938年升任经理，成为金融和工商两界闻人。

张重威在中南银行津行任上尽职尽责。1938设外汇部，1947年设信托部，其间又增办事处等，业务不断拓展。1939年天津大水，他每天从二楼乘船上班。1941年日军接管英法租界，又遭宪兵逮捕威吓。1949年张重威赴沪，出任总行副总经理，随即兼任国际饭店、诚孚公司、新裕纱厂、诚孚铁工厂总经理……上海解放之初，又兼华东采棉委员会委员，与申新纱厂荣毅仁、永安纱厂郭棣活等受到陈毅市长接见。新旧政权交替之际，张重威内外交困，苦撑中南银行残局，最后病体难支，选择了急流勇退。1952

年，张重威辞去一切沪职回津，应恒源纱厂董事长边守靖之请出任常董，数月后即以病去职。同年12月，中南银行天津分行参加公私合营。

张重威在津有多处住宅。20世纪30年代，他在今睦南道、昆明路交口以西建起一幢洋楼。40年代初迁今河北路疙瘩楼。后又购今云南路、成都道交口洋楼。就在张重威全身而退，准备安心养疴之时，不幸接踵而来。1953年，中南银行津行揭出陈年烂账，因经手人包庇推诿，最终由时任经理担责赔偿。张重威拍卖家中物品，但仍未足抵债。他经此打击病情日重，名医杨济时、金显宅诊为胃癌晚期，主张保守治疗。然在张重威夫人殷秀陵苦求下，1953年9月15日，金显宅主刀为张重威手术，切断六根肋骨，割除五分之四的胃。三天之后，张重威将云南路宅售与天津军管会，填补历史烂账并支付手术费用。此后他又卖掉北京大茶叶胡同19号住宅，经济压力才告解除。

1954年，张重威购得今睦南道112号住宅。房主原为木材商王世明，是歌唱家李光羲的岳父。1956年，政府对私营企业采取"赎买政策"，张重威开始吃"定息"，生活反倒稳定下来。他把家事尽皆交给夫人，只管读书赏画

张重威居住过的天津河北路疙瘩楼

今睦南道112号张重威旧居

做学问，身体竟奇迹般地康复。他不但去北京逛了书店，1965年还畅游大江南北。1975年，张重威因白血病在天津去世。上海图书馆馆长顾廷龙为其撰写了碑文。去世之前不久，张重威曾作诗咏怀："终年无客常闭关，终日无事心自闲。万卷图书消永昼，结庐人境似深山。""范家天一筑高楼，世守能藏几百秋？到底散亡终不免，台存风去迹空留！"

张重威以字行世，语出《论语》"君子不重则不威"。他早年自号潜园，取《周易》"潜龙勿用"之意。手术后又自号默园，寓缄默退隐之意。今睦南道112号，就是他的默园藏书楼。

张氏家族受张丙炎影响，多有雅好收藏者。张重威14岁起在琉璃厂购买古籍，此后孜孜以求逾半世纪。他一生简朴，然爱书如命，为之不惜重金。20世纪60年代中期，默园藏书积至四万余册。

张重威治学承乾嘉余绪，讲究训诂和义理，方法上注重考据。他藏书首先是追求实用，然后才兼顾鉴赏，故所藏以四部常用古籍及工具书为主，皆是传统治学孔需之籍，与佞宋膜元者不啻霄壤。张家璩总结默园藏书有三个特色：

一是默园先生治清史，戮力搜求清人别集；二是为研究《水经注》，各种传世版本搜罗齐备；三是广收珍稀影印丛书，如《古逸丛书》《南画大成》等。此三者皆可看出其治学的藏书指归。

默园藏书虽不汲汲于珍善，但因总量庞大，佳本亦复不少。如今藏南开大学图书馆的《孤树裒谈》，为明万历游朴所刻五卷本，有周星诒、吴重熹、张重威题跋，又经吴重熹、张重威、刘明阳递藏，被列入《第二批国家珍贵古籍名录》。张重威跋之云："乾隆间四库馆所采进者乃原刊本，未考证此本也。今原椠本固不可见，即此万历重刊本亦稀如星凤。"又如默园所藏《对琴全稿》，乃乾嘉名儒汪棣手稿，为《中国古籍善本书目》未著录的孤本。默园藏书另有百余部明代和清初精刻本及殿版，包括乾隆初印《西清古鉴》等，故常到默园赏书的周叔弢云："开卷便有惊人之处！"所藏多钤有"仪征张重威藏书印""张重威印""晚读书斋"等。

默园图籍和文物，丙午之际均被抄没。幸运的是它们不仅躲过劫火，最后竟得珠还合浦，如今尚存三万余册，藏于上海后人之处。1985年春，上海图书馆馆长顾廷龙、副馆长潘景郑，应张家璩之邀曾访问默园特藏。

张重威藏书生前身后均有散出，其日记里有迹可循。如1962年11月28日云："铸禹看余藏书，商选善本十余种，为南大图书馆介绍，谈至晚饭时去。"铸禹为金石鉴定家朱鼎荣（号铸禹），时在南开大学供职。因难见日记全貌，这次交易是否成功不得而知，但藏书已零星转让当是事实。又所藏《大清实录》，本为清廷大内档案，溥仪在伪满洲国时，影印甲、乙两种版本各百部。甲种本比乙种本开本略大，封面用皇室专用黄缎，装帧极为考究。经琉璃厂书贾魏广洲游说，张重威购入一套甲种本，结果物稀为贵成为珍藏。张重威去世后，家人遵其遗言将其让给天津历史研究所。

关于默园藏书的编目，今存有《默园残存书目》一册，张重威丁酉（1957）孟春手编。此目不分卷类，仅记书名册数，是备查的检索目录。外封有"重威自注"，可觇默园散书过程，故全文录下："余藏书无多。壬辰北返，以贫病交侵，在津以贱价售出《四库珍本》一部、《六十种曲》一部、《南画大成》一部。癸巳病笃，医药无资，又售出《四库珍本》一部及《四部丛刊初二三编》、百衲本《廿四史》各一部。旋复售出五局合刻《廿四史》、阮刻《皇清经解》、粤刻《通志》，皆论斤计价。是年大病初愈，又售出《四部丛刊初二编》一部。丙申夏季，二女赴沪运回寄存友人家中之书，竟为人盗去《影印宋本孟子》《石渠宝笈》《故宫书画集》《（故宫）名扇集》各一部。其余书籍多不记忆。书之聊以志余平生之书劫而已。多藏必厚亡，老子所诫。身外浮云，无足珍惜。敬告后贤，此亦殷鉴！"

张重威先生不仅是古籍收藏家，更是书画收藏家。他经手的书画，质量远超藏书。近二十年拍卖会上，默园珍藏略有显露，如元代黄公望《溪山雨意图》，明代仇英《赤壁图》、莫是龙《仿赵大年江乡小景》、李流芳《书画合璧》，清代弘仁《山水册》、王原祁《仿黄公望山水》、曹夔音《法诸家山水册》、奚冈《山居静远图》等，其中多有清代宫廷珍迹，经溥仪之手流出者。如仇英《赤壁图》，2007年以7952万元拍出，创当时中国绘画艺术品成交纪录。此卷400余年递藏清晰。最早归属晚明张修羽，距仇英的年代不远。经张的后人张孝思续藏，转到康熙三子允祉之手。1922年溥仪以赏赐溥杰为名携出，辗转流入民间为张重威所得。周叔弢曾纵览张重威藏画，认为以倪瓒、黄公望、仇英最佳。其他珍品尚有唐代杨昇《峒关蒲雪图》、明代陆治《归去来辞图》等。默园藏画多有"仪征张重威鉴藏书画印""重威鉴赏"等章。

自1953年手术至1966年被抄家，张重威坐拥书城，默默开启学术生涯。他的研究主要集中在版本目录学、《大清实录》和《水经注》三方面，这在《默园日记》中有充分体现。日记1954年1月1日起，1966年8月23日止，毛笔工楷33册，总约180万字，内容涵盖经史子集、文字音韵、金石碑帖、文物字画、版本目录等方面，堪称珍贵的学术史料。这部日记落实政策后发还31册，最后2册据说因张重威畅游大江南北，记录了新中国建设成就，被有关部门调阅，遂至下落不明。

张重威做学问一丝不苟。仅甲种本《大清实录》他就细读三遍，将有关"文字狱"的史料尽皆摘出，参证清人别集和笔记的记载，把研究心得写入日记。郦道元《水经注》校勘，更是张重威的学术着力点。清代《水经注》研究，以全祖望（字绍衣）、赵一清（字诚夫）、戴震（字东原）最为有名，然戴氏校本世谓窃自赵一清，后又有谓戴、赵皆袭全祖望者，遂成郦学史上最大公案。张重威汇集当时《水经注》全部版本，在日记和书眉写下大量校记。他互校诸本之后认为："魏默深、张石洲、杨惺吾诸家讥谪东原伪托《大典》之说，可以毅然论定其不诬矣。至于谓东原盗袭诚夫，然亦确有出于东原之自行考订及根据归有光之校本者，不能指为润色也。又有校补之处确为全氏、赵氏及各家校本之所无者，王氏各校已经说明。"这里谓王氏各校，指王国维《批校水经注笺》。张重威的校勘辨析，厘清了诸家之间的错综关系，中肯地总结了各自得失，使得"百数十年之症结涣然冰释"。

张重威的著述，印行者仅有《释马》一册，时间在1949年之后。其《水经注》研究，张家璩写过《默园〈水经注〉校勘记跋稿》予以介绍，刊于《学林漫录》第八集。张重威对恩师著述倒是尽心，不但推动刘师培《刘申叔先生遗书》出版，1963年尚以"仪征张氏默园"名义自费排印了沈兆奎《无梦庵遗稿》。

张重威一生交游广泛，除了工商金融界人士，余大都是文化界名家。20世纪30年代，北京有个与林徽因客厅并称的文化沙龙谭家鱼翅会，首届举办时，张重威即其成员之一，其他如杨荫北、曹秉章、傅增湘、沈兆奎、张允亮、涂凤书、周肇祥、袁励准、赵钫、陈垣和谭祖任，均是京城文化界翘楚。伦明《辛亥以来藏书纪事诗》云："玉生俪体荔村诗，最后谭三擅小词。家有籯金懒收拾，但传食谱在京师。"诗中谭三即谭祖任，是谭家菜的创始人。玉生乃其祖谭莹，荔村指其父亲谭宗浚，祖孙三代皆藏书。从名单可以看出，所谓鱼翅会并非为吃，文化交流才是根本。

晚年居津期间，张重威与藏书家和文献家来往更多，与他同住五大道的就有卢弼、张叔诚、周叔弢、翁之憙、姒艮成等，此外与赵万里、顾廷龙、陈乃乾、谢国桢、王欣夫也交流密切。

2020年3月31日于饱蠹斋

刘少山藏海源阁珍籍

　　天津市和平路287号是一处著名历史风貌建筑——东莱银行大楼旧址，现在为天津市科委办公用房。进院左首有一座四层小楼，是东莱银行创办人刘子山及其长子刘少山旧居，也是作为藏书家的刘少山之藏书处。这里曾秘存过26种427册山东海源阁珍籍。刘少山之所以有能力购藏海源阁藏书，离不开其父刘子山庞大家业的支持。

　　刘子山，本名云碧，字子山（又作紫珊），以字行。他光绪三年（1877）生于山东省掖县湾头村。光绪二十年（1894）赴青岛谋生，当过小贩和西崽（仆役）等。后来自修德语与日语，通过代销德国货物等起家，在青岛置下大

刘少山（刘植提供）

量房地产，当地人号为"刘半城"。1918年，刘子山创办完全私营的东莱银行，总行设在青岛。1919年，东莱银行开设天津分行，行址在宫北信成里，1921年迁宫北大狮子胡同，1925年再迁法租界二十一号路（即今和平路）。1926年2月，因为华北业务发展迅猛，东莱银行总行移到天津，青岛改设分行。1930年，东莱银行在法租界行址兴建新办公大楼（即今天津市科委办公地），由德国工程师贝伦特（Behrent）设计，三层混合结构。院内同时建起一座与主楼相通的小洋楼，作为刘子山及其子女的居所。

1931年东北三省沦陷，华北局势日益紧张，东莱银行的业务也受到影响。1933年9月，东莱银行总行移至上海，天津仍设分行，在艰难中勉强维持。1937年青岛沦陷，刘子山避居天津。他闭门不出，谢绝为日伪做事，还专门派刘少山奔赴上海，指示东莱银行同人说："国难时期，宜闭关自守，紧缩业务。本人自愿不再提取股息，以维同人生计。"1948年春，刘子山因病赴沪就医，同年10月12日辞世。

刘少山，本名占洪，以字行。他1912年11月9日生于掖县。1918年随母迁至青岛，与父亲刘子山团聚。刘少山早年受过良好的新式教育，曾就读于北京郁文大学。1935年，出任东莱银行常务董事兼协理，协助父亲经营家族产业。

刘子山去世后，银行和房产等由子女分开经营。刘少山继承了东莱银行。1949年1月天津解放。1951年11月，天津分行与中国垦业银行、天津中孚银行组成联营集团。1952年12月，天津四个联营集团18家银行，又合并成立中国公私合营银行天津分行。东莱银行属第一批参加公私合营的为数不多的著名私营银行之一。在合营前清产核资期间，刘少山代表东莱银行表示："合营不抵触，财产不转移，报产不隐瞒。"刘少山主动迎接改造的态度，在当时起到很好

今和平路287号东莱银行旧址院内的刘少山旧居

的带头作用。合营之后，刘少山出任公私合营银行总管理处金融研究委员会专员和公私合营银行董事。任专员期间，刘少山的工资待遇与11级行政干部相同。但不久他就以身体欠佳为由辞去专员职务，每月只领公私合营银行董事的80元车马费。1979年3月，刘少山在上海去世。

历史留给刘少山的时间太短，这使他没能像父亲一样，在金融领域大展身手，但其古籍善本图书的收藏，却成就了一段书林佳话。以藏书家的身份名垂后世，这恐是他本人始料未及的。

刘少山自幼喜欢读书，后来爱上古籍收藏。1949年之前寓津期间，他以刘氏家族的雄厚资金做后盾，积累了质量上乘的古籍珍本，成为当时著名藏书家，与傅增湘、周叔弢等藏书大家交往频繁。关于刘少山藏书的故实，最为人称道的则是购藏和捐赠海源阁藏书。

山东聊城海源阁是清代著名藏书楼之一，盛时所庋宋元明清珍籍4000余种22万卷，雄居晚清四大藏书楼之首。清末民国，海源阁藏书传到第四代主人杨承训手中。1927年杨承训移家天津。为避免兵乱损失，他将海源阁珍本陆续移存天津，并以28万元价格将92种珍本抵押给盐业银行。可是不久投资失败，这批藏书转给了潘复、张廷谔等组织的"存海学社"。其后因为旅居耗产，杨承训被迫继续出让藏书。但是因为书价高昂，私家大多无力问津。其时，日本人也在觊觎这批海源阁藏书，但因有浙江陆氏丽宋楼藏书卖给日本静嘉堂的前车之鉴，杨承训不想以此留下骂名，遂将藏书拆散转给京津藏家，李盛铎、周叔弢、傅增湘各有所获——刘少山购得的20余种，则是单次数量最大的一批，而且多为海源阁藏书中的白眉。

刘少山购书的牵线人是青岛报人伊筱农。伊筱农与杨承训熟识，又得到过刘子山的资助，与刘氏父子过从甚密。伊筱农得知杨承训为藏书寻找买主时，便把消息告诉了喜欢古籍的刘少山。可是买书需要花费巨资，刘少山就去请示父亲，被刘子山当场婉拒。后来杨承训道出不想让书流入东瀛的隐痛，让刘子山大为感动，慨然同意刘少山购书，但他明确表示只是暂存，等到适当时机要上交国家。

刘少山购入海源阁藏书是秘密交割的，应该是25种367册。后来，傅增湘所得《百川学海》60册也转手刘少山，至此海源阁的两件镇馆之宝——宋刻孤本《楚辞集注》和《百川学海》都归了刘氏。

为了避免日本人从中作梗，刘少山和杨承训相约，对古籍转手之事秘而不宣。在刘家，只有刘子山及刘少山夫妇知晓。刘少山妻兄风闻此事后，曾写信至天津要求一观，刘少山矢口否认。这些珍籍，先存在东莱银行住宅区的四楼祠堂和楼梯夹角处，上面随意堆了些杂物以便掩饰。后来移到三楼储藏室，刘家称为"箱子间"。箱子间进门左侧靠墙，有一大排木质书橱，存放的就是海源阁藏书。刘少山的夫人苗蕙芳，后来觉得书橱没有门，既不安全又不卫生，就找来两个大樟木箱子专门存书。

1937年天津沦陷后，刘家为保存海源阁珍籍费尽心血。有一次，刘子山因传播短波电台消息，遭日本宪兵队逮捕讯问。为避免家中被搜暴露藏书，刘少山决定将古籍分开收藏。他用普通包袱把《楚辞集注》和《百川学海》包好，让苗蕙芳寄存到堂兄刘锡三家。刘锡三就是著名的盛锡福帽庄老板，早年创业时得到刘子山的扶持，其时住中国大剧院斜对面的天增里。直到1945年抗战胜利，苗蕙芳才把包袱取回。

1948年春，刘家南迁上海，古籍仍暂存天津。同年刘子山去世，苗蕙芳身穿孝服回到天津，除了接儿女赴上海，最重要的任务就是把古籍运走，藏在上海东莱银行三楼客房中。

新中国成立之后，刘少山有意将所藏善本捐给国家，完成父亲珍籍归公的遗愿。1951年，他给在中央统战部工作的贾铤、苗健夫妇写信。贾铤时任政策研究室主任，苗健则是苗蕙芳的侄女。1952年初，刘少山收到贾铤的回信，告知文化部社会文化事业管理局局长郑振铎约他面谈。不久刘少山来到北京，在贾铤陪同下与郑振铎见面。刘少山表示要捐献全部藏书，并说要抛砖引玉。郑振铎对刘少山所藏了如指掌，本来担心刘少山舍不得捐《楚辞集注》和《百川学海》，一听他态度坚决，高兴地说："哎呀，你这可是块金砖！"随后郑振铎表示拟推荐刘少山担任政协委员，并问他希望在哪家报纸刊发捐书消息，刘少山听后明确地说："我捐书有三不：一不要报酬，二不要登报，三不要任何名誉和待遇。"

1952年秋，文化部在北京筹办"中国印刷发展史展览"。当年9月6日，郑振铎给刘少山写信，邀请他赴京参展。郑振铎在信中说："前承捐赠珍贵图书多种，至为钦佩！现北京图书馆拟于九月二十日举办'中国印刷发展史展览'预展，希望先生能够到京参加'预展'。所有往来旅费及在京住宿饮食，均由我局负责招待。专此，即颂秋祺。"随后，文化部又以公函形式给刘少山发来正式请柬："我国人民是最早发明印刷术的。自隋唐以来，以木板及活字印刷之书籍，最多而质精。中央人民政府成立以来，国内各藏书家相继捐献宋元以来善本图书：常熟瞿氏、江安傅氏、南海潘氏和刘少山、翁之憙、吴青南、邢詹亭、周叔弢、赵元方、丁惠康诸先生所捐献者尤为重要，使我们有可能在今年国庆节举办一个'中国印刷发展史展览'。现已布置就绪，定于九月二十日（星期六）上午九时，在北京图书馆展览厅举行预展，敬请光临指导，请随带请柬入场。"末署郑振铎。刘少山捐赠的藏书数量不算大，但均是海源阁递藏过的宋元刻本，质量上绝对过硬，因此请柬在常熟瞿氏、江安傅氏、南海潘氏三个著名藏书世家之后，紧接着列的就是刘少山，亦可见文化部对其捐赠图书的推重。

1952年9月9日，刘少山给郑振铎回信，表示将如期赴京。9月17日，郑振铎又致函刘少山："九月九日来函祗悉。先生能拨冗来京参加'中国印刷发展史展览'预展，至为欢迎。到津时请通知我局，当派人赴津，协助搬运书籍。特此函覆。此致。"这封信表面是表达对刘少山赴京的欢迎，其实隐含着催促尽快完成捐赠程序的意思。郑振铎是研究古籍版本的行家，深知刘少山拟捐图书的重大价值，因此在尘埃落定之前，他总是隐含着一点儿担心。

不过，郑振铎的担心是多余的。准备赴京的同时，刘少山也紧锣密鼓地履行着捐赠的承诺。仍由夫人苗蕙芳操办，把在沪密藏四年的珍籍运回天津东莱银行，随后社会文化事业管理局派古籍专家赵万里和傅忠谟来津，对捐赠书籍进行清点、鉴定和接收。赴京参加展览后不久，社会文化事业管理局给刘少山寄来捐赠书目。11月4日和29日，又给刘少山颁寄了捐赠收据和奖状。随奖状寄来的还有一封公函："承以所藏宋元善本书籍贰拾陆种肆百贰拾柒册捐献政府，业经点收。兹随函附去中央文化部颁发奖状一纸，请查收为荷。"至此，刘少山捐赠珍籍的程序全部履行完毕。整个捐赠过程中，郑振铎多次致信刘少山，曾委婉提及《楚辞集注》和《百川学海》，其意仍是怕他不愿捐出。刘少山见信后哈哈大笑，说郑局长真内行也。刘少山捐赠的海源阁珍籍，包括《楚辞集注》和《百川学海》在内，总计26种427册，当时入藏于北京图书馆善本部，今归入国家图书馆。

刘少山捐赠的珍本古籍，都钤有私人藏书印"东莱刘占洪字少山藏书之印"或"刘占洪少山珍藏"。其中著名的《楚辞集注》上，则保留有多枚海源阁印记，包括东郡宋存书室珍藏、宋存书室、杨印绍和、杨绍和鉴定、彦合珍玩、彦和、瀛海仙班、绍和筑岩等。印中的杨绍和（字彦和）为海源阁第二代主人。宋存书室则是海源阁的藏书室之一。

1953年，宋本《楚辞集注》影印出版，郑振铎专门写下跋语，称其是"朱熹这部书的今存的最早的最完备的刊本，而且也是最后的一个定本"，"这部仅存于世的朱鉴刻本，为山东聊城海源阁旧藏，为后来东莱刘氏所得。去年，因刘少山先生捐献给中央人民政府，现藏北京图书馆。今年是屈原逝世的二千二百三十年。我们借此机会，把这部最古的最完备的《楚辞集注》定本，影印出来，作为对于屈原这位古代伟大的爱祖国爱人民的诗人的一个纪念"。

《楚辞集注》的故事到此还未完结。1972年，中日关系开始破冰。当年9月27日，毛泽东和周恩来在中南海会见日本首相田中角荣，特意将影印本《楚辞集注》作为礼物赠给客人。田中角荣感到很是荣幸，为让陪同访华者都能一睹这部珍籍的风采，他把书交给读卖新闻社复制了1000部。1973年，中国外交部收到读卖新闻社回赠的《楚辞集注》，此书由此闻名世界。

刘少山之子刘燊，在美国获悉日本影印《楚辞集注》消息后，专门写信求购作为纪念。读卖新闻社了解刘燊身份之后，决定无偿送给他一套（编号707）。1978年，刘燊回国参加秋季广交会，将日本影印《楚辞集注》带给父亲看，并加盖了刘少山所捐海源阁藏书上均有的藏书章"东莱刘占洪字少山藏书之印"。1992年，聊城海源阁旧地重建。1998年，刘燊代表刘氏家族，将所存《楚辞集注》捐给了海源阁。

2008年，国务院批准公布首批《国家珍贵古籍名录》，其中刘少山收藏过的《楚辞集注》和《百川学海》赫然在列。

刘子山、刘少山家族在天津的房地产，除了东莱银行大楼还有多处，包括洪业大楼、东莱里和文泉西苑等。洪业大楼，位于今张自忠路与黑龙江路交口处，面对海河，是东莱银行的堆栈（仓库），建于20世纪20年代前期，2005年左右拆除。洪业大楼外观采用明梁柱设计，线条简洁，方正沉稳。楼顶设有天井，可供楼内自然采光。这里除堆放抵押给东莱银行的货物，空出部位还对外招租，开办过屋顶花园、汽车行等。1945年抗战胜利后，平津的中统机构在此赁房当宿舍，因不付租金引发官司，在报纸上弄得沸沸扬扬。对于这些，刘少山的子女有过诸多回忆。东莱里，位于今解放南路和南京路交口，1921年由刘子山建房成巷，原为二层楼房10幢，作为东莱银行员工住所。1976年地震后改建成现在的面貌。文泉西苑，位于今新华路上，在新华路体育场（时称英国球场）对面，为西式联排别墅。此地1917年由陶文泉建成，归于刘子山之后，安排住过东莱银行员工。20世纪50年代，洪业大楼、东莱里和文泉西苑等房产，都打包参加了公私合营，此后与刘家再无联系。

附：刘少山捐赠善本目录（计26种427册）

一、《张先生校正杨宝学易传》宋刻本　十册

二、《礼记集说》宋刻本　二十四册

三、《春秋诸传会通》元刻本　一匣十二册

四、《附释文互注礼部韵略》宋刻本　五册

五、《史记集解索隐》宋耿秉刻本　二十四册

六、《东莱校正晋书详节》宋刻本　八册

七、《北史》元刻本　一匣七十六册

八、《路史》明刻本原题宋本　一匣十五册

九、《舆地广记》宋刻本　十二册

十、《会稽三赋》宋刻本　三册

十一、《荀子》宋刻本　十六册

十二、《愧郯录》宋刻本　六册

十三、《自警编》宋刻本 十六册

十四、《十二先生诗宗集韵》宋刻本 十六册

十五、《百川学海》宋刻本 六十册

十六、《韵府群玉》元刻本 二匣二十册

十七、《楚辞集注》宋刻本 十二册

十八、《陆宣公奏议》元刻本 八册

十九、《昌黎先生文集》宋刻本 十六册

二十、《新刊增广百家详补注唐柳先生文集》 宋刻本 二十二册

二十一、《增广音注唐许郓州丁卯诗集》 元刻本 一匣四册

二十二、《伊川击壤集》宋末刻本缺二卷 一函六册

二十三、《东莱吕太史文集》宋刻明补明印 一匣八册

二十四、《莆阳居士蔡公文集》宋刻本 十六册

二十五、《山谷老人刀笔》原题宋刻本今鉴定为元刻 十册

二十六、《云庄四六余话》宋刻本 二册

2019年2月20日于恐高轩

后记：不圆满的答卷

这本《沽上琅嬛：天津藏书楼和藏书家》，对我来说是一份不圆满的答卷。

2004年，我开始关注天津的历史建筑，尤其是为数甚夥的私家住宅。我全力进行田野调查，采访居民，寻找后人，深入现场，通过自创的所谓"三重证据法"，给数百处建筑找到"主人"，譬如张爱玲，譬如袁克文，譬如卢鹤绂，譬如胡宗楙，譬如马占山，譬如张人骏，譬如李准……如今这些名人旧居，已有上百处获得了更为正式的身份——文物保护单位或历史风貌建筑。而这些历史建筑曾经的主人，有一个被忽略的重要文化群体，这就是藏书家。

关于中国近代藏书楼和藏书家的研究，21世纪以来成果极丰，仅从地域角度切入的专书，就出版有二十余部。但天津的诸多藏书家，除了周叔弢、李盛铎、任凤苞、陶湘、严修、卢靖、卢弼等十数人，尚能引起研究者注意，整体上迄未受到足够重视。平心而论，在中国近代藏书史上，天津私家藏书当有一席之地，而且是重要的一席之地。这不仅体现在周、李、任、陶、严、卢等藏书大家和名家的藏书质量上与藏书数量上，仅以藏书家的数量而言，近代天津也不应该被忽视。任继愈先生主编的《中国藏书楼》，重点介绍了中国近代藏书家六十余人，其中藏书处曾设于天津者竟超过三分之一；如果加上在天津有重要藏书活动者，则几近总量的半数。仅凭这一点，对天津近代藏书家就有深入探讨并重新认识的必要。

天津近代藏书家之所以被学界忽略，一个重要因素就是缺乏系统挖掘整理。余以嗜好藏书之故，对天津藏书家的资料颇为留意，累积所得已有三百余人。在考察天津历史建筑的过程中，我又发现藏书家住宅数量可观，而且这些住宅绝大多数实际也是藏书楼。本书就是以这些建筑为依托，梳理了24个天津近代藏书家（家族）故实，希望凭借这一方窗口，深化学界对天津藏书文化乃至天津城市文化的认知。

这本小书之所以能够问世，有个长达14年的渐进过程。而这过程中的每一步，都有着文献学家李国庆先生的身影。没有李先生作为"背后推手"，本书即使能够面世也将会是另一番面貌。唯其如此，李先生也就成了本书序言的不二作者。

2007年4月，焦作范凤书先生来津寻访藏书楼，时任天津图书馆历史文献部主任的李国庆先生，知道我熟悉天津历史建筑，就倩我陪同范先生做"一日游"。除却范先生先期拍摄的梁启超饮冰室和周叔弢自庄严堪，我又整理出一份14人的寻访清单：袁克文、陈一甫、陶湘、任凤苞、渠本翘、翁之憙、蔡成勋、金梁、周明泰、渠晋鹤、卢弼、林修竹、朱启钤、周学熙。这次考察之后，我开始格外留意天津的藏书楼，前述名单也随之不断加长，李士鉁、李盛铎、胡宗楙、潘复、徐世昌、张重威、刘少山、刘明阳、徐世章、方若，还有藏书楼已经灭失的傅增湘、叶恭绰、方地山、丁传靖、卢靖、严修、金钺等。重新审视之下，这个名单让我颇为震撼——天津本土和寄寓天津的藏书家，足以构成天津城市文化的特色风景。

2008年1月，经由李国庆先生推荐，我与齐鲁书社《藏书家》责任编辑周晶先生取得联系。在周先生的督促之下，我以《天津的藏书楼》为题，当年1月和9月完成两组文稿，分别刊于《藏书家》第14辑（2008年6月）和第16辑（2009年6月），介绍了陈一甫的居敬轩、李善人的延古堂、翁之憙的知止斋、陶湘的涉园、周明泰的几礼居、梁启超的饮冰室、任凤苞的天春园、吴重憙石莲閣、潘守廉和潘复的华鉴阁、金梁的瓜圃等十座藏书楼。这两组文稿综计万字有几，虽然每位藏书家和藏书楼的绍述仅有一千多字，却成为这本《沽上琅嬛》最初的基础。

2015年7月，李国庆先生又把我推荐到天津图书馆共享工程办公室，使我有机会参加全国文化信息资源共享工程地方资源项目建设。2017年至2019年，我以"天津藏书楼"为主题申报纪录片拍摄项目，连续三年得到文化部全国公共文化发展中心的支持。本书收录的24篇文稿，有23篇就是为完成"天津藏书楼"纪录片撰写的文本。另有《金梁与瓜圃》一篇，最初刊载于报章，其后收入拙著《茬苪芳华：洋楼背后的故事》，题目为"金息侯客寓津门"，因其事涉藏籍故此移入本书，但并非简单地更易标题，内容也新起炉灶泰半重写。至于各篇文稿的顺序，则依藏书家生年先后排列（父子相承者以父辈为准）。

关于本书之写作，还有几个问题需略做说明：一是全书所述24个藏书家（家族），有很多属于机缘凑泊，不是笔者的主动选择，也不是说他们最为重要。我本来汲汲于历史建筑，所以最初是要有旧居才会去写，而居处无存的几位——傅增湘、卢靖、严修、金钺，是考虑到影响或特色后来补入的。二是写作中多遇文献抵牾之处，但为适应纪录片通俗传播的需要，大都无法做具体考证辨析，故仅能直接叙述研判的结果——无法核实真相的内容多予舍弃，极少数不能回避者则取逻辑合理的说法。三是藏书楼和书斋名号，寄寓着藏书家的旨趣，但它也仅仅是符号，与实体虽有所对应，但因空间和时间转换复杂，想要全部厘清几无可能。譬如学界熟知双鉴楼在北京石老娘胡同，实际上傅增湘居津时即有双鉴楼之设。又如徐世昌除专门藏书楼，所居退耕堂每层另有书斋，本人题署落款时亦颇随意。再如胡宗楙，所居整体号为颐园，藏书楼为琅嬛胜处，书斋则为梦选楼，虽然搞清几者之间关系，利于解决原始文献的"矛盾"，但对多数藏书家来说这些仍是糊涂账。

人的一辈子，会有许多事想做，也有许多事要做。想做的事一定有兴趣，要做的事却不尽然，可即使没兴趣也得去做，因为它可能关系饭碗。我应该属于幸运者，工作了二十多年，无论在媒体还是在高校，时间上都相对自由，多数时间可凭兴趣做事，但后果就是兴趣点被分散，这儿写一点，那儿写一点，弄出诸多半拉子工程。《沽上琅嬛》即这些半拉子工程中的一项，今次勉力成书，也算去了我的一桩心事。

本书作为纪录片文本，考虑的主要是通俗性，同时兼顾些学术性。因此行文力求简洁之外，也穿插有不少引文。最初设想是结集之时，补上引文出处就行了。而当我试图做这件事时，发觉已经绝无可能——写作时的资料来源复杂，除了自藏的图书、报刊和复印件，也包括知网论文、读秀文献、原始档案、古籍序跋，还有后人提供的各种文献照片。当初每篇文稿完成之后，这些资料并没能及时归类保存，现若重新归集有若天方夜谭。好在绝大部分引文，均随文交代有粗略的出处，不至于被读者目为无据可查。

本书资料搜集和文字撰写过程中，除了梁启超、蔡成勋、傅增湘、李盛铎、吴重憙，我与其他19个藏书家（家族）的后人，都有过直接或间接交流，故酌情吸纳了部分口述资料——虽未必完全准确，却能够适当填补历史的罅隙。

感谢李国庆先生拨冗作序，感谢魏暑临先生挥翰题签，感谢张欢老师精心编校，也感谢为我和张欢老师搭桥的赵祥斌先生——我们至今仅有一杯茶的交情，而且是我喝赵先生的。更要感谢山东画报出版社，接受我这样一部既不学术也不通俗的书稿。

本书写作自2017年3月开始，前后跨越五个年头，其间我的工作几经折腾，这从文章落款变化就看得出来：四平轩和恐高轩是我在今晚报社的办公室，半湖斋是我在天津师范大学图书馆的办公室，饱蠹斋乃是我居家的书房（因新冠疫情被迫回归），负晴轩则是我在天津大学冯骥才文学艺术研究院帮忙时的落脚处。种种的因缘迁变，耗去了太多的精力，让我没有时间也没有心情来细致打磨文字——交出这样的不圆满答卷，深感愧对读者诸君！

2021年4月20日于沽上北洋园负晴轩